3.-6. Schuljahr

I. Moser & D. Roleff-Scholz

Lernwerkstatt Kriechtiere und Spinnen

Schlangen, Eidechsen, Schildkröten

Informationen / Aufgaben / Übungen
Sinnerfassendes Lesen / Mit Lösungen

Lernen mit Erfolg
KOHL VERLAG
Der Verlag mit dem Baum
www.kohlverlag.de

Lernwerkstatt
„Kriechtiere und Spinnen“

5. Auflage 2014

Inhalt: Iris Moser & Dorle Roleff-Scholz
Grafik & Satz: Kohl-Verlag
Druck: ffh concept GmbH, Hürth

Bestell-Nr. 10 655

ISBN: 978-3-86632-655-2

Inhalt

KOHL VERLAG Der Verlag mit dem Baum
www.kohlverlag.de
Lernwerkstatt „Kriechtiere und Spinnen“ - Bestell-Nr. 10 655

Einleitung

Sehr geehrte Kolleginnen und Kollegen,

in dieser Lernwerkstatt kann man Tiere, die sich überwiegend auf dem Boden bewegen und nicht so bekannt sind (oder mit Vorsicht wenn nicht sogar Angst betrachtet werden), näher kennen lernen.

Tiere, die am Boden leben – zu dieser Überschrift passen ganz viele Tiere: Wirbellose und Wirbeltiere wie z.B. Insekten, Gliedertiere, Krebse. Ausgewählt haben wir für diese Lernwerkstatt die eher größeren und etwas bekannteren Tiere, die man auch in seiner Umgebung mal antreffen kann. Hierzu zählen Spinnen, Eidechsen, Schlangen und Schildkröten.

In spielerischer Art erhalten die Schüler/Innen einzeln, in Gruppen, in Stationen oder als Hausaufgabe über die genannten Tiere wichtige Informationen zum Aussehen, Körperbau, Lebensraum, der Nahrung und der Fortpflanzung. Aber auch über ihre Feinde und die wachsende Bedrohung durch uns Menschen.

Ein Ziel dieser Lernwerkstatt ist es, die eher unbekannten und vom Aussterben bedrohten Tiere den jungen Menschen bewusster zu machen, damit sie mit den Lebensräumen dieser Tiere achtsamer umgehen. Aber das Arbeiten in der Lernwerkstatt soll auch Spaß bringen. So kann man ein Schlangenmodell bauen, Spinnennetze basteln, viele Rätsel lösen sowie sein Wissen vor Beginn der Lernwerkstatt und danach testen.

Man sollte unbedingt die reale Begegnung und Beobachtung mit den Tieren ermöglichen. Das wird bei Spinnen viel eher möglich sein als bei den Kriechtieren, die man nur in den entsprechenden Lebensräumen oder in Zoos sehen kann. Man kann dieses Thema aber auch durch entsprechende Filme und Zoobesuche ergänzen. Die idealen Jahreszeiten wären das Frühjahr und der Sommer.

Wir wünschen allen, die sich mit diesen nicht so bekannten Tieren beschäftigen, viel Spaß beim Bearbeiten der einzelnen Lernschritte!

Das Kohl-Verlagsteam und

Iris Moser & Dorle Roleff-Scholz

Bedeutung der Symbole:  EA Einzelarbeit  PA Partnerarbeit  GA Gruppenarbeit

Kapitel I: Eingangstest

EA

Aufgabe 1: *Was weißt du schon über die Tiere dieser Lernwerkstatt? Mit diesen Fragen kannst du dein Wissen testen. Zum Ende der Lernwerkstatt gibt es einen längeren Test. Wenn du die Kapitel aufmerksam bearbeitest, kannst du viel über die heimischen Tiere lernen!*

a) Nenne mindestens vier dir bekannte bei uns lebende Tiere, die am Boden leben!

____

b) Woran erkennt man Wirbeltiere?

____

c) Weißt du, welche Tierklassen man zu den Wirbeltieren zählt!

____

d) Welche Tiere zählen zu den Kriechtieren, auch Reptilien genannt? Kreuze an!

- ☐ Regenwurm
- ☐ Eidechse
- ☐ Maus
- ☐ Schlange
- ☐ Igel
- ☐ Schildkröte

e) Woran erkennst du eine Kreuzotter?

____

f) Schildkröten und Krokodile gehören ebenfalls zu den Kriechtieren. Weißt du, welche dieser Tiere man in Deutschland sehen kann?

____

g) Gibt es in Deutschland giftige Spinnen, die dem Menschen gefährlich werden können? ☐ **Ja** ☐ **Nein**

h) Wie viele Beine hat eine Spinne? ____________________

i) Worin unterscheiden sich Spinnen und Insekten?

____

j) Legen die Eidechsen Eier oder bringen sie lebende Junge zur Welt?

____

KOHL VERLAG Der Verlag mit dem Baum www.kohlverlag.de
Lernwerkstatt „Kriechtiere und Spinnen" - Bestell-Nr. 10 655

Kapitel II: Die Kriechtiere (Reptilien)

Zu den Kriechtieren gehören die Echsen, auch **Eidechsen** genannt, die **Schlangen** und die **Schildkröten.** Die Vorfahren der Kriechtiere waren die viel größeren, ausgestorbenen Saurier, die man heute nur noch im Kino oder als Modelle und Versteinerungen sehen kann. Alle Kriechtiere haben eine Wirbelsäule und gehören somit zu den **Wirbeltieren**.

Alle Kriechtiere haben eine Außenhaut aus trockenen **Hornschuppen**. Die Tiere sind **wechselwarm**, das bedeutet, ihre Körpertemperatur passt sich der Umgebungstemperatur an. Durch Aufnahme der Sonnenwärme im Frühjahr und Sommer werden sie beweglich und aktiv. In der Kälte des Winters können sie sich nicht bewegen, sie suchen frostsichere Höhlen oder Felsspalten auf und fallen in eine sogenannte **Winterstarre**. Sie nehmen dann keine Nahrung auf, ihr Herz schlägt ganz langsam und ihre Körpertemperatur passt sich der Umgebungstemperatur an.

Sie sind sehr genügsam und können lange hungern. Es gibt bei uns nur wenige Arten. Von den 14 bekannten Kriechtierarten sind bereits 11 in ihrem **Bestand gefährdet.** Deswegen sollten wir uns bemühen, die Lebensräume dieser Arten zu erhalten. Hier bei uns lebende Kriechtiere sind z.B. Blindschleichen, Ringelnattern, Kreuzottern, Feuersalamander sowie die Zaun-, Wald- und Mauereidechsen. In den letzten Jahren leben bei uns auch zunehmend Schmuckschildkröten, die von manchen Haltern in Teiche ausgesetzt werden, wenn sie ihnen zu groß werden. Sie können jedoch bei unserem gemäßigten Klima recht gut überwintern.

Nicht heimisch sind bei uns die Krokodile, die ebenfalls zu den Kriechtieren gehören. Kriechtiere können ein sehr **hohes Alter** erreichen. So können Sumpfschildkröten bis zu 120 Jahre alt werden. Die meisten Kriechtiere sind nach dem Schlüpfen bzw. nach der Geburt selbstständig.

Eine Kreuzotter

Lernwerkstatt „Kriechtiere und Spinnen" - Bestell-Nr. 10 655
www.kohlverlag.de

Kapitel II: Die Kriechtiere (Reptilien)

EA

Aufgabe 1: *Lies den Informationstext aufmerksam durch!*

EA

Aufgabe 2: *Welche der abgebildeten Tiere gehören zu den Kriechtieren? Schreibe die Nummern unter den Tieren auf und addiere die Zahlen. Wenn du nach der Addition das Ergebnis 45 erhältst, hast du richtig gewählt! Schreibe auch die Namen der Tiere dazu!*

① 

② 

③ 

④ 

______ ______ ______ ______

⑤ 

⑥ 

⑦ 

⑧ 

______ ______ ______ ______

⑨ 

⑩ 

⑪ 

⑫ 

______ ______ ______ ______

⑬ 

⑭ 

______ ______

PA

Aufgabe 3: *Was sind die äußeren Merkmale von Kriechtieren? Recherchiert und schreibt in eure Hefte! Informationen hierzu erhaltet ihr auch aus dem Info-Text auf Seite 6.*

Lernwerkstatt „Kriechtiere und Spinnen“ - Bestell-Nr. 10 655
KOHL VERLAG Der Verlag mit dem Baum
www.kohlverlag.de

Kapitel III: Schlangen – Die Ringelnatter

Aussehen:

70-100 cm lang, graugrüner Körper,
gelblich-weiße halbmondförmige
Flecken an den Seiten des Hinterkopfes

Lebensraum:

Feuchte Wiesen, an und in Gewässern mit Pflanzensäumen auch im Gebirge, in Steinbrüchen und Kiesgruben. Schwimmt und taucht gut. Fällt in Winterstarre in Höhlen oder Baumstümpfen

Nahrung:

Frösche, Kröten, Lurche, Fische, Würmer, Insekten

Fortpflanzung:

Das Weibchen legt im Juli 30-90 Eier in Laub- oder Schilfhaufen ab, daraus schlüpfen dann nach ca. 2 Monaten 15-20 cm lange Jungschlangen.

Feinde:

Vögel, Marder, ..

Besonderheiten:

Ungiftige Schlange in ihrem Lebensraum bedroht. Beißt sehr selten. Bei Gefahr gibt die Ringelnatter durch eine Stinkdrüse eine übelriechende Flüssigkeit ab. An ihrem gelben Halbmond am Kopf ist sie leicht zu erkennen.

Lernwerkstatt „Kriechtiere und Spinnen" - Bestell-Nr. 10 655
KOHL VERLAG
www.kohlverlag.de

Kapitel III: Schlangen – Die Ringelnatter

EA

Aufgabe 1: *Lies den Informationstext aufmerksam durch!*

Aufgabe 2: *Legt euch auf den Boden und versucht, wie eine Schlange (ohne Benutzung der Arme und Beine) vorwärts oder seitwärts voranzukommen. Ihr müsst dabei schlängelnde Bewegungen mit Auf- und Abbewegungen des Brust- und Bauchbereiches kombinieren. Wenn ihr den Bewegungsablauf beherrscht, könnt ihr zu mehreren ein Ringelnatter-Wettrennen organisieren.*

EA

Aufgabe 3: *Wir basteln eine Schlange*

Schlangen haben ganz unterschiedlich viele Wirbel (von 130 bis über 300 Wirbel). Baue ein einfaches Schlangenmodell. Benutze dafür die folgende Bastelanleitung!

Material:
- Dickere Pappe für die Erstellung der Wirbel nach den unten abgebildeten Schablonen
- 1 Überraschungseihülse
- 1 dickere Nadel (Stopf- oder Sticknadel)
- Angelsehne oder festen Zwirn
- Je nach Größe der Schlange ca. 20-30 Holzperlen mit einem Ø von ca. 2 cm (Ersatzweise lassen sich auch kleine Styroporkugeln oder Maisstärkekegel verwenden oder die Verpackungsfüllstoffe, die allerdings bei Feuchtigkeit oft zusammenfallen)
- Wasserfester Filzstift zum Bemalen der Überraschungs-Ei-Hülse

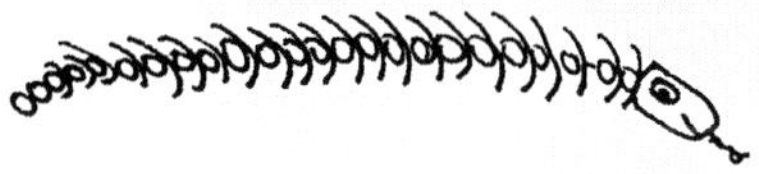

Anleitung

Die Umrisse der Schablonen sind auf festen Karton zu übertragen und auszuschneiden. Abhängig von der Länge der Schlange benötigt man von jeder Schablone ca. 6-8 Stück. Mit Geduld und Ausdauer lässt sich auch eine sehr lange Schlange basteln. Die Schablonenteile sind dann die Rippen deiner Schlange. Nun brauchst du noch einen Kopf. Du nimmst dafür ½ oder eine ganze Überraschungs-Ei-Hülse und bemalst sie mit Augen und Mund einer Schlange. Jetzt fädelt man einen mindestens 50 cm langen Faden in die Nadel ein und sticht die Nadel durch die Überraschungs-Ei-Hülse. Wichtig ist es, den Faden gut zu verknoten. Man kann auch noch eine Art „Zunge" aus der Hülse herausragen lassen. Anschließend kommt eine kleine Schablone auf den Faden direkt hinter die Überraschungs-Ei-Hülse und danach eine Holzperle. So fährt man fort und bindet um die Holzperlen immer einen Knoten. Achte dabei auf die Größe der Wirbel einer Schlange! Zum Schwanzende ziehst du mehrere Holzperlen ohne Schablonen auf. Jede Schablone 10-15 mal (abhängig davon, wie groß die Schlange werden soll) auf Pappe übertragen und ausschneiden.

Kapitel III: Schlangen – Die Kreuzotter

Aussehen:

50-90 cm lang, Weibchen werden größer als die Männchen, rötliche Augen, farblich recht unterschiedlich von weißlich, hellgrau aber auch orange bis schwarz. Auf der Oberseite mit einem gut sichtbaren Zickzackband. 2 lange Giftzähne, die sich beim Öffnen des Mauls aufrichten.

Lebensraum:

Sonnige Wegränder, Lichtungen, Moore, Heidegebiete und Wälder
Tagaktiv, auch in der Dämmerung unterwegs, sehr scheu
Winterstarre in Erdlöchern und Felsspalten

Fortpflanzung:

Paarung April/Mai. Die 14-23 cm langen Jungen werden in dünnen, transparenten Schleimhüllen geboren

Nahrung:

Mäuse, Frösche, Eidechsen, Maulwürfe. Die Beute wird mit einem Biss betäubt und dann herunter geschlungen. Bei Schlangen sind die Kiefer gespalten und frei beweglich, so können sie Beutetiere, die recht groß sind, hinunterwürgen.

Feinde: Vögel, Fuchs

Besonderheiten:

Einzige giftige Schlange in Deutschland, die vom Aussterben bedroht ist durch Trockenlegung von Landschaften, Überbauung und Zerstörung ihrer Lebensräume. Das Gift ist für Menschen nicht unbedingt lebensbedrohlich.

KOHL VERLAG Der Verlag mit dem Baum www.kohlverlag.de
Lernwerkstatt „Kriechtiere und Spinnen" - Bestell-Nr. 10 655

Kapitel III: Schlangen – Die Kreuzotter

EA

Aufgabe 1: *Lies den Informationstext aufmerksam durch!*

EA

Aufgabe 2: *Zeichne das Zickzackmuster in die Schlange ein!*

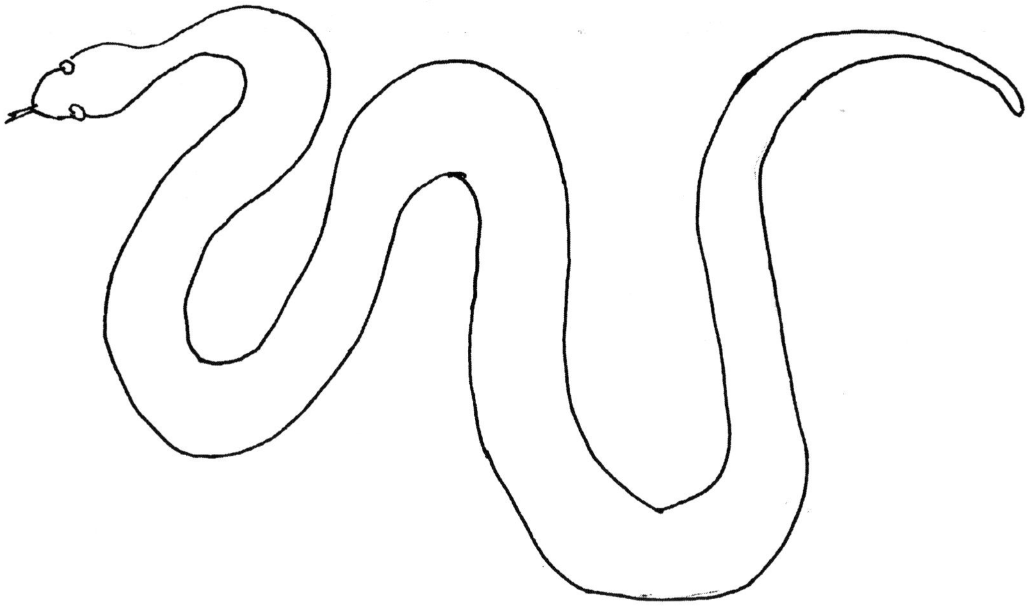

EA

Aufgabe 3: *Unten ist das Kopfskelett einer Kreuzotter abgebildet. Ordne die folgenden Begriffe an der richtigen Stelle zu!*

Schädelknochen – Quadratbein – Unterkiefer – Giftzahn

a) ______________

b) ______________

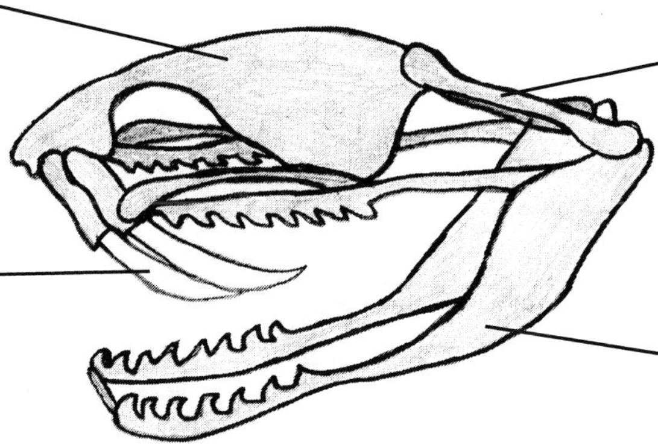

d) ______________

c) ______________

GA

Aufgabe 4: *Schlangen haben eine feste Außenhaut, die nicht mitwachsen kann, deshalb müssen sie sich im Laufe ihres Lebens mehrmals häuten. Es bildet sich unter der Hornschicht eine neue Haut und die alte Haut wird abgeworfen. Manchmal findet man eine solche abgeworfene Schlangenhaut. Schaue dir eine Schlangenhaut sehr genau (mit Lupe) an und versuche, das Zellmuster nachzuzeichnen!*

Lernwerkstatt „Kriechtiere und Spinnen" - Bestell-Nr. 10 655
KOHL VERLAG Der Verlag mit dem Baum
www.kohlverlag.de

Kapitel III: Schlangen – Die Kreuzotter

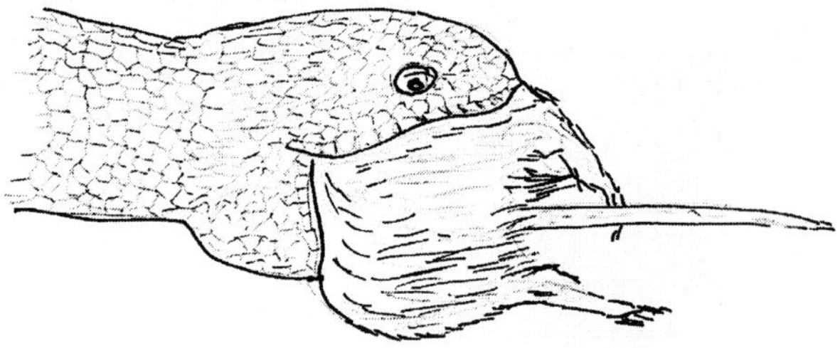

Kreuzotter verschlingt eine Maus

EA

Aufgabe 5: *Fülle den Lückentext mit den folgenden Begriffen!*

Zickzackband – Giftschlange – scheues – herunterwürgt – Kiefer – Aussterben

Die Kreuzotter ist eine ________________, die ihre Beutetiere mit einem Biss betäubt und dann ________________. Sie kann ihre __________ sehr weit öffnen. Man sieht sie selten, weil sie ein sehr ____________ Tier ist. Gut erkennen kann man sie an einem dunklen ________________ auf dem Rücken. Weil ihr Lebensraum immer kleiner wird, ist sie vom ____________ bedroht.

EA

Aufgabe 6: *Welche Nahrung nimmt die Kreuzotter zu sich? Kreuze die richtige Nahrung an!*

a) ☐ kleine Fische	**b)** ☐ Mäuse	**c)** ☐ Maulwürfe
d) ☐ Frösche	**e)** ☐ Kastanien	**f)** ☐ Gras

PA

Aufgabe 7: *Lest den folgenden Text aufmerksam durch und schreibt in Partnerarbeit 2-3 Sätze über die Fortpflanzung der Kreuzotter in eure Hefte!*

Im Alter von 3-4 Jahren werden Kreuzottern geschlechtsreif und können sich fortpflanzen. Die Paarungszeit beginnt nach der ersten Häutung im Frühjahr. Die Männchen kriechen viel umher und suchen paarungsbereite Weibchen. Treffen zwei Männchen aufeinander, so kommt es oft zu sogenannten Scheinkämpfen. Dabei richten sich die männlichen Schlangen auf, wiegen sich hin und her und drücken ihre aufgerichteten Körper gegeneinander. Das schwächere Männchen gibt irgendwann auf und kriecht davon. Das stärkere Männchen paart sich dann mit einem Weibchen. Es kriecht nahe an das Weibchen heran, betastet es mit seiner Zunge und schmiegt sich eng an das Weibchen. Bei der dann stattfindenden Begattung pressen beide Tiere ihre Körperöffnungen, die sogenannten Kloaken aufeinander und die männlichen Geschlechtszellen werden in den Körper des Weibchens übertragen. Nach einer Tragzeit von 2-4 Monaten kommen 5-18 voll entwickelte Jungtiere in dünnen Eihüllen auf die Welt. Die Eihüllen zerreißen gleich nach der Geburt und die kleinen Schlangen sind selbstständig.

Kapitel III: Schlangen – Die Schlingnatter

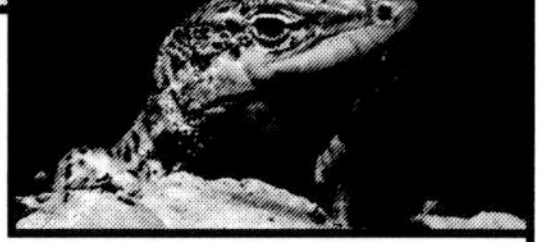

Aussehen:

60-90 cm lang, grau-bräunlicher Körper mit einer Doppelreihe versetzter, dunkler Flecken auf dem Rücken, wird manchmal mit der Kreuzotter verwechselt, ist aber keine Giftschlange! Besitzt glatte, leicht glänzende Schuppen und wird auch Glattnatter genannt. Das Auge hat eine kreisrunde Pupille mit einer bräunlichen Iris.

Lebensraum:

Meist trockene, sonnige Gebiete, Steinbrüche, Weinberge, Waldränder mit vielen Versteckmöglichkeiten, macht Winterstarre

Fortpflanzung:

5-15 fertig entwickelte Jungtiere

Nahrung:

Eidechsen, Blindschleichen, kleine Schlangen, Eier, Insekten. Da sie größere Beutetiere nicht mit einem Biss töten kann, jagt sie wie die sogenannten Würgeschlangen (Boas und Phythons), indem sie die Beutetiere mit ihren Kiefern packt und mit ihrem Körper umschlingt und erstickt.

Feinde: Igel, Marder, Vögel, ...

Besonderheiten:

Rollt sich bei Bedrohung zusammen und richtet den Vorderkörper auf und beißt sehr schnell zu. Sie kann aus ihrer Analdrüse eine scharf riechende Flüssigkeit ausscheiden, die ihren Feinden den Appetit verdirbt. Sie ist vom Aussterben bedroht.

EA

Aufgabe 1:

	Kreuzotter	Schlingnatter
Rückenfarbe:	grau, graublau bis schwarz, olivbraun, gelbbraun	mehr bräunlich-rötlich
Rückenzeichnung:	dunkles Zickzackband	zwei Reihen dunkelgraubrauner, einzelner Flecken
Körperbau:	gedrungen, eher plumper/dicker	gestreckter, schlanker Körper
Auge:	senkrechte Pupille mit bronze- bis rubinroter Iris	kreisrunde Pupille mit bräunlicher Iris
Beutefang:	Biss mit Giftzähnen, Beute wird betäubt und verschlungen	Biss mit Zähnen, Beute wird umschlungen und erstickt
Beutetiere:	Mäuse, Frösche, Eidechsen, Maulwürfe	Eidechsen, Blindschleichen, Eier, Insekten, kleine Schlangen
Feinde:	Vögel, Fuchs, Igel, Dachs	Igel, Vögel, Iltis, Fuchs

In der Tabelle wird ein Vergleich zwischen einer Kreuzotter und einer Schlingnatter gezogen. Was sind die auffälligsten Unterschiede zwischen den beiden Schlangen? Schreibe die Unterschiede heraus!

Lernwerkstatt „Kriechtiere und Spinnen" - Bestell-Nr. 10 655
KOHL VERLAG Der Verlag mit dem Baum
www.kohlverlag.de

Kapitel III: Schlangen – Rund um die Schlange

EA

Aufgabe 1: *Wie gut kennst du Schlangen?*

Fülle die Lösungsworte waagrecht bzw. senkrecht in die Kästchen. Die Buchstaben in den grau schraffierten Kästchen ergeben, in die richtige Reihenfolge gebracht, ein Lösungswort!

a) Mit den ______________ tötet die Kreuzotter ihre Beute.

b) Schlangen passen sich der Umgebungstemperatur an. Man sagt, sie sind ______________ .

c) Den Winter verbringen Schlangen bewegungslos. Man sagt, sie fallen in die ______________ .

d) Damit Schlangen wachsen und größer werden können, müssen sie im Laufe ihres Lebens mehrere ____________ durchführen.

e) Die Außenhaut von Kriechtieren und auch von Schlangen wird von trockenen ________________ bedeckt.

f) Schlangen gehören genau wie die Eidechsen und Schildkröten zu den ______________ .

g) Eine heimische Schlange mit einem dunklen Zickzackband auf dem Rücken heißt ________________ .

h) Um sich fortzupflanzen, legen Schlangen _______ .

i) Eine Schlange, die gut schwimmen kann, heißt ______________ .

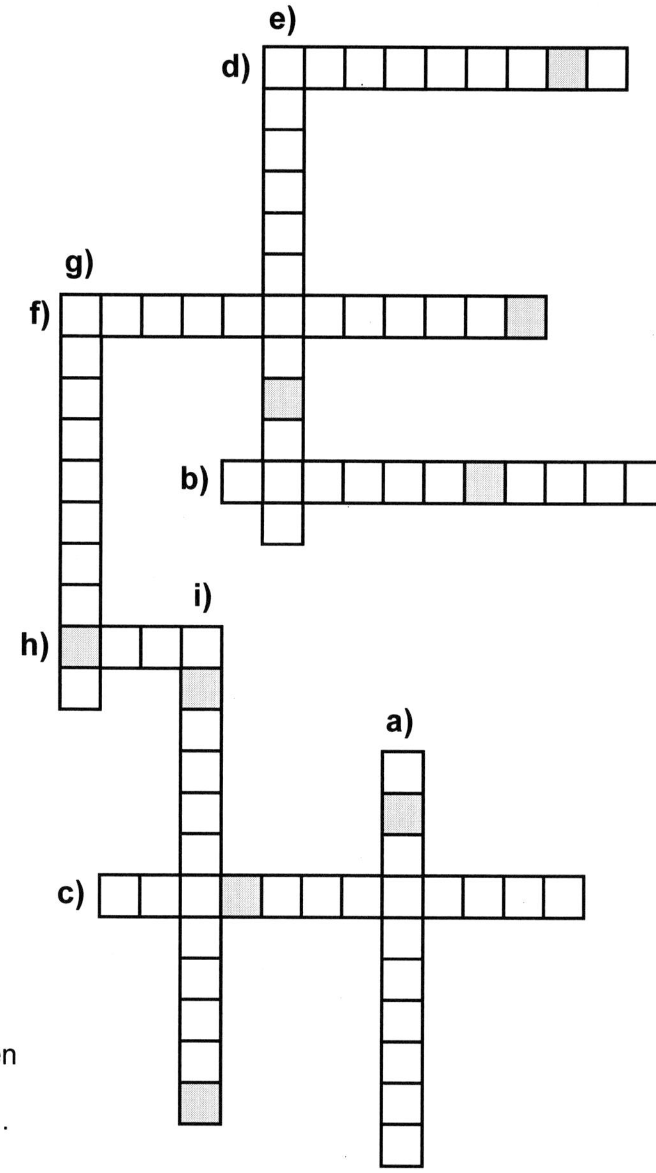

Lösungswort: ________________

KOHL VERLAG Der Verlag mit dem Baum www.kohlverlag.de
Lernwerkstatt „Kriechtiere und Spinnen" - Bestell-Nr. 10 655

PA

Aufgabe 2: *Was verändert sich im Jahresverlauf bei den Schlangen? Sprich mit deinem Tischnachbarn/mit deiner Tischnachbarin darüber, zu welcher Jahreszeit die unten stehenden Begriffe eingeordnet werden müssen. Ordnet die folgenden Tätigkeiten der jeweiligen Jahreszeit zu und schreibt sie dort hinein!*

Winterstarre – Paarung – Jungschlangen – schlank und hungrig – rund und gut genährt – auf Nahrungssuche – in der Sonne ausruhen – aktiv und beweglich – müde und kalt – sie häuten sich – schlafend in Höhlen

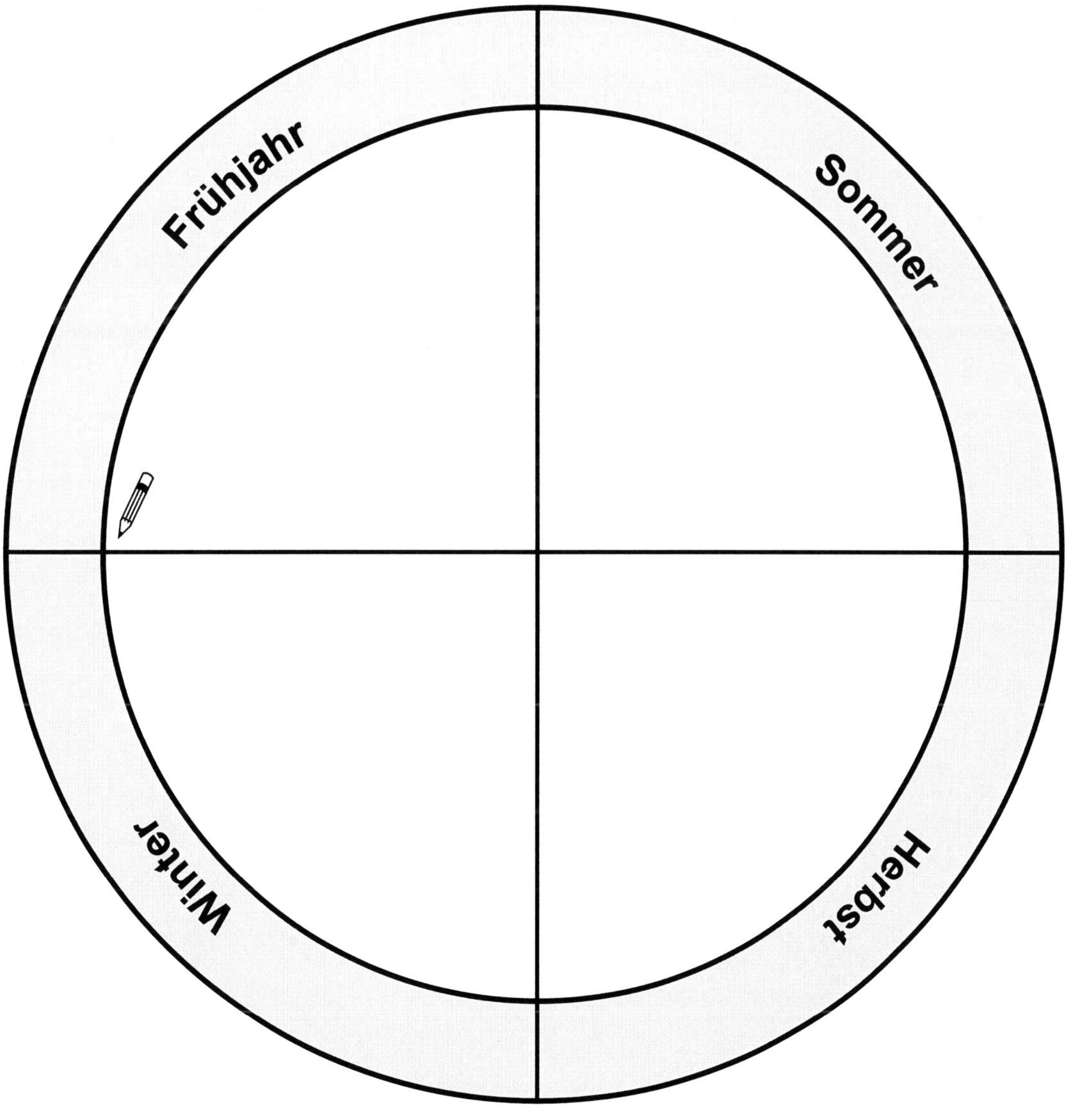

Kapitel IV: Schildkröten – Die Sumpfschildkröte

Aussehen – Lebensraum:

Schildkröten erkennt man an ihrem Panzer, der aus einem gewölbten Rückenpanzer und einem Bauchschild besteht. Die **Landschildkröten** haben einen stark gewölbten Rückenpanzer. Landschildkröten findet man in Deutschland eigentlich nicht; sie leben in wärmeren Gegenden, z.B. in Griechenland. Manchmal werden sie als Haustiere gehalten. Sie ernähren sich hauptsächlich von Pflanzen. Auch wenn sie einen sehr robusten Eindruck machen, erfordert ihre sachgerechte Haltung eine genaue Kenntnis ihrer Lebensgewohnheiten.

Die heimische **Sumpfschildkröte** ist eine **Wasserschildkröte** mit einem flacheren, ovalen, dunkelbraunen ca. 20-30 cm langen Panzer mit gelben Punkten an Kopf, Hals und Beinen und meist orangefarbenen Augen. Sie kommt in stehenden größeren Gewässern vor. Sie ist tagaktiv, sonnt sich gern am Ufer, kann aber bei Gefahr blitzschnell abtauchen. Sie ist eine gute Schwimmerin und kann lange unter Wasser bleiben. Sie überwintert im Schlamm am Gewässerboden, dort fällt sie in Winterstarre.

Manchmal sieht man die ausgesetzten bei uns nicht heimischen, grünen **Schmuckschildkröten** mit ihren rot-orangefarbenen Streifen an den Schläfen, die ebenfalls in Gewässern lebt. Wenn es allerdings lange, sehr kalte Winter bei uns gibt, können die Schmuckschildkröten kaum überwintern und sterben. Man sollte sie also nicht aussetzen oder noch besser, gar nicht erst kaufen – auch wenn sie als kleine Schildkröten sehr niedlich anzusehen sind.

Schildkröte von hinten

Fortpflanzung der Sumpfschildkröten:

Sie paaren sich im Mai. Im Juni graben sie sich eine Grube in feuchter Erde und legen dort ihre Eier ab. Die jungen Schildkröten schlüpfen oft erst im nächsten Frühjahr und sind ca. 2 cm groß.

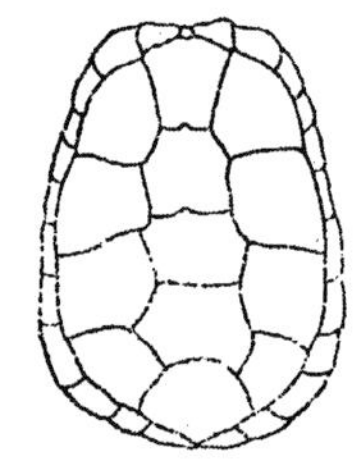

Rückenpanzerung

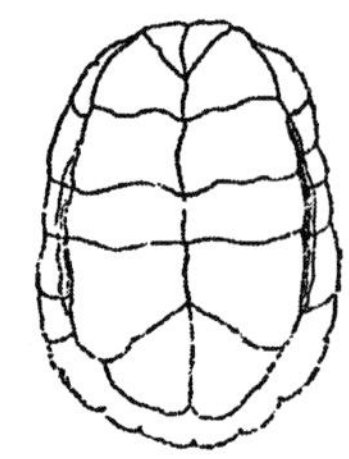

Brustpanzerung

Nahrung der Sumpfschildkröte:

Fische, Frösche, Würmer, Krebse, Wasserinsekten, Wasserpflanzen

Feinde der Sumpfschildkröte:

Vögel, Ratten, der Mensch

Besonderheiten:

Schildkröten können sehr alt werden. Einzelne werden bis zu 120 Jahre alt!

KOHL VERLAG Der Verlag mit dem Baum www.kohlverlag.de
Lernwerkstatt „Kriechtiere und Spinnen" - Bestell-Nr. 10 655

EA

Aufgabe 1: *Lies den Informationstext aufmerksam durch!*

EA

Aufgabe 2: *Kreuze die richtigen Aussagen an!* [X] **Richtig!**

a) ☐ Schmuckschildkröten lassen sich problemlos als Haustier halten.

b) ☐ Landschildkröten sind vom Aussterben bedroht.

c) ☐ Der Panzer einer Schildkröte besteht aus einem Teil und hat nur Öffnungen für Kopf, Arme und Beine.

d) ☐ Der Panzer wächst nicht mit, er wird abgeworfen, wie bei den Schlangen.

e) ☐ Schildkröten leben sowohl am Land als auch im Wasser.

f) ☐ Schildkröten haben eine Wirbelsäule und sie gehören zu den Wirbeltieren.

g) ☐ Schildkröten kann man in Deutschland oft an Teichen und Seen sehen.

h) ☐ Schildkröten verkriechen sich im Winter und fallen in Winterstarre.

Bis Mitte des 18. Jahrhunderts kamen die Sumpfschildkröten in Deutschland recht zahlreich vor. Zur Fastenzeit waren diese Schildkröten als Fastenspeise sehr beliebt. Durch das Trockenlegen von Feuchtgebieten und den Abbau von Torf nahmen die Lebensräume der Sumpfschildkröten immer mehr ab. Heute sind die Sumpfschildkröten vom Aussterben bedroht, sie werden auch nicht mehr gegessen. Durch die Verschmutzung der Gewässer, Fischerei, d.h. das Auslegen von Reusen und Netzen, in denen die Schildkröten ersticken sowie das Aussetzen anderer Wasserschildkröten, die den Lebensraum der einheimischen Sumpfschildkröten einnehmen, wird es für die ursprünglichen Sumpfschildkröten immer schwieriger, geeignete Gewässer zum Leben zu finden. Erst mit ca. 8-10 Jahren sind die Weibchen in einem Alter, um Nachwuchs zu bekommen.
Interessant ist eine weitere Beobachtung: ob Männchen oder Weibchen, aus den abgelegten Eiern schlüpfen ist abhängig von der Bruttemperatur. Das Weibchen legt die Eier an sonnigen, sandigen Plätzen ab und gräbt sie ein. Bei höheren Temperaturen (über 29,5 °C) schlüpfen mehr Weibchen aus den Eiern und bei niedrigeren Temperaturen (unter 28 °C) mehr Männchen. Befindet sich die Temperatur zwischen 28-29,5 °C, so schlüpfen in etwa gleich viele Männchen wie Weibchen.

EA

Aufgabe 3: **a)** *Warum gibt es heute nicht mehr so viele einheimische Sumpfschildkröten?*

b) *Wie beeinflusst die Bruttemperatur die Entwicklung der Eier der Sumpfschildkröte?*

Lernwerkstatt „Kriechtiere und Spinnen" - Bestell-Nr. 10 655
KOHL VERLAG Der Verlag mit dem Baum www.kohlverlag.de

Kapitel V: Eidechsen – Was sind Eidechsen?

Die Mauereidechse, die Zauneidechse und die Waldeidechse sind bei uns heimisch. Das heißt, sie leben unter geeigneten Bedingungen in unserer Umgebung. Eidechsen sind sehr **scheue Tiere**, deshalb ist es schwierig, welche zu sehen.
Wie alle wechselwarmen Tiere brauchen auch die Eidechsen die **Sonnenwärme** um aktiv zu sein. Sie sonnen sich gerne auf Steinen, Mauern oder Felsen.
Den Winter verbringen sie vor Frost geschützt in **Erdlöchern** oder in **Mauerspalten**.
Ende März oder Anfang April ist die **Winterstarre** zu Ende.
Das Eidechsenweibchen legt im späten Frühjahr Eier. Das Gelege wird weder bewacht noch bebrütet. Die frisch geschlüpften Eidechsen sind deshalb auf sich selbst gestellt und lernen durch Probieren genießbare von ungenießbarer Nahrung zu unterscheiden. Eidechsen fressen **Insekten** und trinken **Tautropfen**.
Zu ihren **Feinden** zählen **Greifvögel, Raben, Stare, Marder, Füchse, Igel, Ringelnattern** und auch **Hauskatzen**. Der größte Feind ist allerdings der **Mensch**, der den Lebensraum der Eidechsen zerstört. Das geschieht durch Häuser- und Straßenbau und durch Kies-, Sand- oder Steinabbau.
Wenn einer Eidechse direkte **Gefahr** durch ein anderes Tier droht, wendet sie einen Trick an. Sie wirft ihren Schwanz ab, der weiter zuckt und so die Aufmerksamkeit des Feindes auf sich zieht. Das erleichtert der Eidechse die Flucht. Der abgeworfene Schwanz wächst wieder nach.

Mauereidechse

Zauneidechse

Bergeidechse

Waldeidechse

Lernwerkstatt „Kriechtiere und Spinnen" - Bestell-Nr. 10 655
KOHL VERLAG Der Verlag mit dem Baum www.kohlverlag.de

Kapitel V: Eidechsen – Was sind Eidechsen?

EA **<u>Aufgabe 1</u>:** *Lies den Informationstext aufmerksam durch!*

GA **<u>Aufgabe 2</u>:** *Überlegt, wo in eurer Umgebung Eidechsen leben könnten. Schreibt eure Ideen und Begründungen auf. Wenn ihr noch weitere Informationen hierzu braucht, lest die Informationstexte auf Seite 18 und 20!*

PA **<u>Aufgabe 3</u>:** *Malt ein Bild, das die Lebensumgebung einer Eidechse darstellt. Versucht, möglichst viele Informationen aus dem Text in euer Bild aufzunehmen. Stellt anschließend untereinander die Bilder vor und vergleicht bzw. ergänzt sie!*

Eidechsen stehen, wie auch Schlangen oder Sumpfschildkröten, auf der roten Liste. Dort sind Tierarten aufgenommen, die in ihrem Bestand bedroht sind. Der Lebensraum von Eidechsen wird durch Straßenbau, Sandabbau, intensive Landwirtschaft, aber auch durch viele Hauskatzen immer mehr zerstört. Dies führt dazu, dass sie immer weniger Rückzugsmöglichkeit vor potenziellen Feinden finden. Ein weiteres Problem sind z.B. durch uns Menschen achtlos weggeworfene Getränkedosen und Flaschen. Denn diese können sich zu tödlichen Fallen für Kriechtiere entwickeln! Die glatten Innenwände verhindern, dass die Tiere, einmal hineingekrochen, wieder herauskommen.
Die bei uns bekannteste und am häufigsten anzutreffende Eidechse in Mitteleuropa ist die Waldeidechse. Sie wurde zum Reptil des Jahres 2006 gewählt.

EA **<u>Aufgabe 4</u>:** *Beantworte die folgenden Fragen in vollständigen Sätzen!*

a) Was ist unter einer „Roten Liste“ zu verstehen?

____

b) Wodurch ist der Lebensraum der Waldeidechse verändert bzw. zerstört worden?

____

____

c) Warum sollte man leere (oder auch halbvolle) Getränkedosen/Flaschen nicht achtlos wegwerfen?

____

KOHL VERLAG Der Verlag mit dem Baum www.kohlverlag.de
Lernwerkstatt „Kriechtiere und Spinnen“ - Bestell-Nr. 10 655

Kapitel V: Eidechsen – Zaun-, Mauer- und Waldeidechse

Die **Zauneidechse** wird bis zu 24 Zentimeter lang und hat einen kräftigen Körperbau. Ihr Rücken ist braun mit einem Leitermuster. Die Quersprossen dieses Musters sind dunkelbraun, die Seitenlinien hellbraun und die Zwischenräume mittelbraun. Wie bei allen Echsenarten können auch die Zeichnungen der Zauneidechsen etwas unterschiedlich ausfallen. Sie lebt an trockenen Waldrändern, in Kiesgruben und in den Dünen. Das Weibchen legt 10 bis 14 Eier in den warmen Sandboden. Nach 8 Wochen schlüpfen die Jungtiere. Manchmal wird das Gelege von Wildschweinen, die auf Futtersuche sind, zerwühlt.

Die **Mauereidechse** wird bis zu 18 Zentimeter lang. Ihre Rückenfärbung ist grau bis braun. Sie trägt einen dunklen Strich auf dem Rücken, der aus einzelnen Punkten besteht. Die Mauereidechse kann an sonnigen Mauern, Felswänden und sogar in Städten an Gebäuden angetroffen werden. Sie nutzt die Löcher in den Mauern zum Schutz gegen extreme Kälte und Hitze. Das Weibchen legt 2 bis 10 Eier unter Steinen versteckt ab. Die Jungtiere schlüpfen nach 6 Wochen.

Die **Waldeidechse** wird bis zu 25 Zentimeter lang. Ihr Rücken ist hell- bis mittelbraun und trägt ein unregelmäßiges schwarzes Fleckenmuster. Sie lebt in Mooren, Heidelandschaften, Dünen und in Wäldern. Sie braucht mehr Feuchtigkeit als die anderen Eidechsenarten. Bei Gefahr kann sie ins Wasser fliehen und davonschwimmen. In unseren Wäldern ist es so kühl, dass sich die jungen Eidechsen im Ei nicht entwickeln könnten. Deshalb trägt das Eidechsenweibchen die Eier in ihrem Körper aus. Die Jungen schlüpfen nach 8 Wochen Tragezeit lebendig aus dem Mutterleib.

Kapitel V: Eidechsen – Zaun-, Mauer- und Waldeidechse

EA **Aufgabe 1**: *Lies den Informationstext aufmerksam durch!*

EA **Aufgabe 2**: *Hier siehst du Abbildungen der drei beschriebenen Eidechsenarten. Schreibe den Namen der abgebildeten Eidechsen unter die Bilder. Male sie in den richtigen Farben an!*

________________ ________________ ________________

EA **Aufgabe 3**: *Kreise die Buchstaben hinter jeder richtigen Aussage ein! Von unten nach oben gelesen ergeben die eingekreisten Buchstaben ein Lösungswort!*

a) Die Zauneidechse ist die kleinste beschriebene Eidechsenart.	**R**
b) Die Waldeidechse bringt ihre Jungen lebend zur Welt.	**L**
c) Das Wühlen der Wildschweine gefährdet die Winterstarre der Zauneidechse.	**E**
d) Die Jungtiere werden von ihrer Mutter gefüttert.	**S**
e) Die Waldeidechse kann schwimmen.	**G**
f) Die Eidechsen halten Winterschlaf.	**E**
g) Eidechsen können auch in der Stadt leben.	**I**

Lösungswort: ________________

Lernwerkstatt „Kriechtiere und Spinnen" - Bestell-Nr. 10 655
KOHL VERLAG Der Verlag mit dem Baum www.kohlverlag.de

Kapitel V: Eidechsen – Die Blindschleiche

Aussehen:

Die Blindschleiche sieht aus wie eine Schlange gehört aber eigentlich zu den **Eidechsen** und ist für Menschen völlig harmlos. Ihr bis zu einem halben Meter langer, bräunlicher bzw. gräulicher Körper ist von glänzend-glatten Schuppen bedeckt. Der Glanz dieser Schuppen kann im Sonnenlicht blenden und gab der Blindschleiche ihren Namen. (Wenn man geblendet wird, fühlt man sich wie blind, man kann nichts sehen). Die Blindschleiche ist aber nicht blind sondern kann mit ihren Augen sehen. Obwohl sie eine Eidechse ist, fehlen ihr die Beine, diese haben sich zurückgebildet. So bewegt sie sich genauso wie eine Schlange.

Lebensraum:

- Laubwälder, mit viel Unterholz
- Feuchte Wiesen, Parks, Gärten – nicht zu sonnig
- eher nachtaktiv
- macht Winterstarre in Erdhöhlen

Fortpflanzung:

erst mit 4 Jahren geschlechtsreif; wird bis 30 Jahre alt; bildet Eier, die sich gut geschützt im Körper der Mutter entwickeln und bekommt nach ca. 11-13 Wochen 8-12 lebende Jungtiere

Nahrung:

Nacktschnecken, Würmer, Asseln, Spinnen, Larven u.a. Insekten

Feinde:

Mäuse, Igel, Marder, Vögel

Besonderheiten:

Bei Gefahr kann die Blindschleiche ihren Schwanz abwerfen und Feinden entkommen. Das zurückbleibende, noch zuckende Schwanzende lenkt Feinde von der flüchtenden Blindschleiche ab.

EA

Aufgabe 1: *Lies den Informationstext aufmerksam durch!*

PA

Aufgabe 2: ***a)*** *Bei welchem der folgenden Skelette handelt es sich um das einer Blindschleiche? Kreuzt an!*

X Richtig!

1) ☐

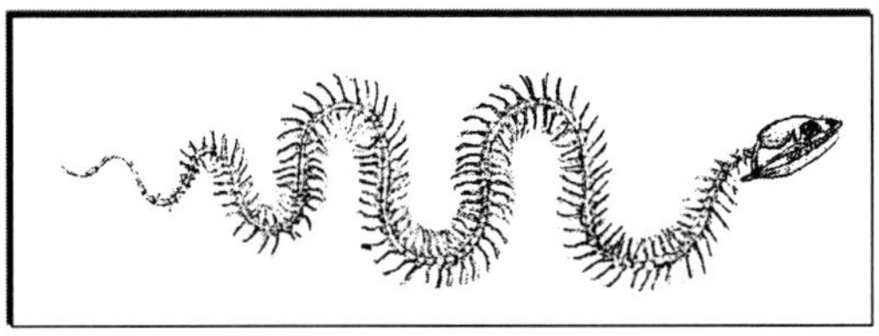

2) ☐

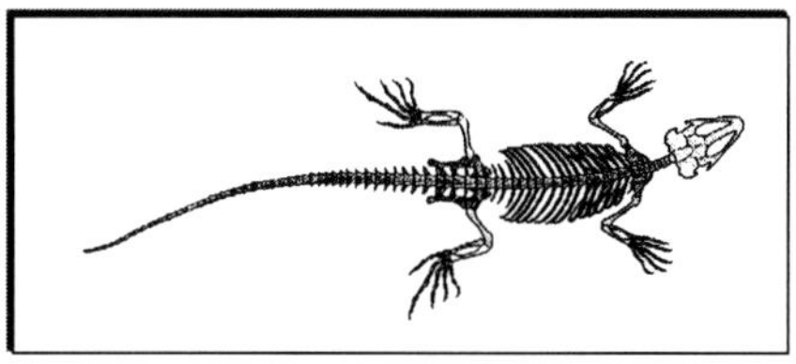

3) ☐

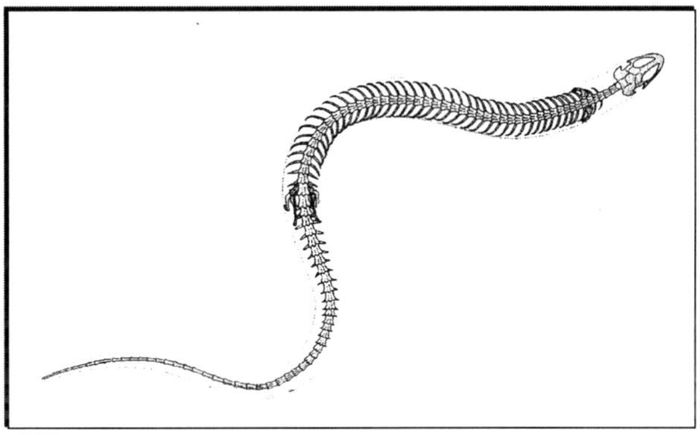

b) *Schaut euch das Skelett der Blindschleiche genau an. Woran erkennt ihr, dass sie einer Eidechse viel ähnlicher ist als einer Schlange?*

____

____

____

EA

Aufgabe 3: *Beantworte die folgenden Fragen in ganzen Sätzen! Schreibe in dein Heft!*

a) Ist die Blindschleiche blind?
b) Legen Blindschleichen Eier oder bekommen sie lebende Junge?
c) Was machen Blindschleichen im Winter?
d) Wenn du eine Blindschleiche triffst, solltest du sie nicht anfassen, sondern nur beobachten. Was könnte sonst passieren?
e) Könntest du dir vorstellen, Blindschleichen in deinem Garten zu halten? Welche Vorteile hätte eine solche Haltung?

Lernwerkstatt „Kriechtiere und Spinnen" - Bestell-Nr. 10 655
KOHL VERLAG Der Verlag mit dem Baum www.kohlverlag.de

Kapitel VI: Spinnen – Was sind Spinnen?

Spinnen sind keine Insekten. Sie gehören wie die Insekten auch zur Familie der **Gliedertiere**.
Es gibt weltweit etwa 37.000 Arten von Spinnen, die in ihrem Aussehen zum Teil sehr unterschiedlich sind. Der Körper einer Spinne ist immer in zwei Abschnitte gegliedert. Am **Vorderkörper** befindet sich der **Kopfabschnitt mit mehreren Augen**, den **Kieferklauen** und den **Kieferfühlern**. Auch die **acht Beine** einer Spinne sind am Vorderkörper festgewachsen. Am **Hinterkörper** befinden sich die **Spinnwarzen**. Eine ausgewachsene Spinne spinnt eine Art Nest, in das sie ihre Eier ablegt. Anschließend umwickelt sie das Nest, bis es verschlossen ist. In dem so entstandenen **Kokon** entwickeln sich die jungen Spinnen. Sie sind winzig klein und häuten sich vor dem Verlassen des Kokons. Nachdem die kleinen Spinnen den Kokon verlassen haben, begeben sie sich auf Beutejagd. Nicht alle Spinnen bauen Netze, in denen sie ihre Beute fangen. Es gibt viele unterschiedliche Arten von Spinnennetzen. Das Wachstum der Spinnen findet im Gegensatz zum Größerwerden von uns Menschen schrittweise statt. Die Spinnen besitzen ein **festes Außenskelett**. Nur das Hinterteil ist weich und kann sich beim Eierlegen ausdehnen. Unter dem Außenskelett bildet sich eine neue noch weiche Haut. Während das geschieht, muss die Spinne viel fressen und viel schlafen. Wenn die neue Haut sich vollständig gebildet hat, presst die Spinne viel Blut in den Vorderkörper, so dass er ganz dick wird und das alte Außenskelett aufplatzt und sich ablöst. Dieser Vorgang kann von mehreren Stunden bis zu einigen Tagen dauern. In der Häutungsphase ist die Spinne ihren Feinden schutzlos ausgeliefert. Nachdem eine Spinne sich fünf bis zehn Mal gehäutet hat, ist sie ausgewachsen. Spinnen ernähren sich von anderen Spinnentieren oder Insekten. Die Größe der Beute hängt von der Größe der Spinne ab. Die Spinnen können nur **flüssige Nahrung** zu sich nehmen, deshalb feuchten sie ihre Beute mit Tropfen von Verdauungssaft an. Nach einiger Zeit haben sich die weichen, verdaulichen Teile der Beute aufgelöst und die Spinne kann den entstandenen Brei aufsaugen.

Zebraspringspinne

Kapitel VI: Spinnen – Was sind Spinnen?

EA **Aufgabe 1**: *Lies den Informationstext aufmerksam durch!*

EA **Aufgabe 2**: *Beschrifte die Körperteile einer Spinne!*

Augen, Spinnwarzen, 1. Beinpaar, 2. Beinpaar, Hinterkörper, 3. Beinpaar, 4. Beinpaar, Kiefertaster, Vorderkörper

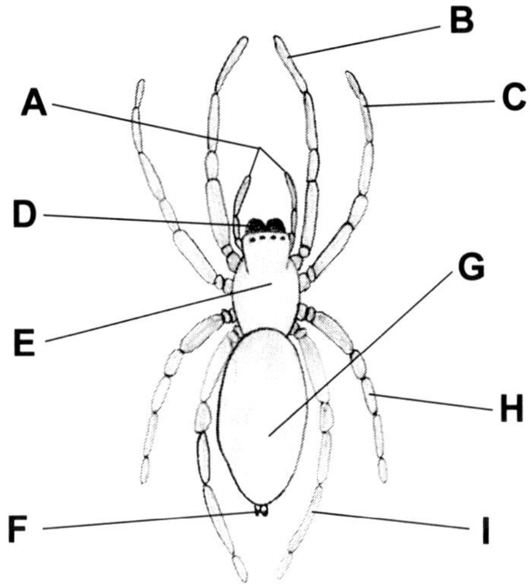

A = ______________________

B = ______________________

C = ______________________

D = ______________________

E = ______________________

F = ______________________

G = ______________________

H = ______________________

I = ______________________

EA **Aufgabe 3**: *Ordne die folgenden Begriffe in die Tabelle ein!*
(Ein Tipp: Einen der folgenden Begriffe musst du zweimal einsetzen!)

8 Beine – 6 Beine – Flügel – Spinnwarzen – Außenskelett

Insekten	Spinnen

EA **Aufgabe 4**: *Warum müssen sich Spinnen häuten?*

____

EA **Aufgabe 5**: *Beschreibe mit eigenen Worten die Nahrungsaufnahme von Spinnen! Schreibe in dein Heft!*

Lernwerkstatt „Kriechtiere und Spinnen" - Bestell-Nr. 10 655
KOHL VERLAG
www.kohlverlag.de

Kapitel VI: Spinnen – Die Kreuzspinne

Die Kreuzspinne gehört zu der Familie der Radnetzspinnen.

Aussehen:

Den Namen erhielt sie wegen der kreuzähnlichen Zeichnung. Ihr Körper wird ungefähr ein Zentimeter groß. Kreuzspinnen sind für uns Menschen ungefährlich.

Lebensraum:

Kreuzspinnen findest du in deiner Umgebung, z. B. in Gärten, Knicks und Wäldern. Die Gartenkreuzspinne überwintert in ihrem ersten Winter in trockenem Holz oder zwischen Steinen. Im zweiten Lebensjahr stirbt sie im Herbst nach der Eiablage.

Beutefang:

Die Gartenkreuzspinne spinnt einen Signalfaden von der Mitte ihres Radnetzes zu ihrem Versteck am Netzrand. Den Signalfaden befestigt sie an einem ihrer acht Beine. Wenn ein Insekt ins Netz fliegt, wird sie durch die Bewegung des Fadens alarmiert und bewegt sich schnell auf die Beute zu. Sie dreht die Beute wie einen Grillspieß und umwickelt sie dabei mit vielen Fäden. Erst dann beißt die Spinne mit ihren beiden Kieferklauen zu, aus den Kieferklauen tritt das Betäubungsgift aus und die Spinne kann das Beutetier zum Verzehr in einen Schlupfwinkel schleppen.

PA

Aufgabe 1: *Schaut euch die Rückenzeichnung der Kreuzspinne genau an und zeichnet sie auf. Vergleicht eure Zeichnungen mit der Abbildung!*

Lernwerkstatt „Kriechtiere und Spinnen“ - Bestell-Nr. 10 655
KOHL VERLAG Der Verlag mit dem Baum www.kohlverlag.de

EA

Aufgabe 2: *Lies die Beschreibung der Kreuzspinne aufmerksam durch!*

EA

Aufgabe 3: *Fülle die Lücken in den folgenden Sätzen.*
Trage die Begriffe anschließend in das Kreuzworträtsel ein!

a) Mit den ____________________ fügt die Spinne ihrer Beute den Betäubungsbiss zu.

b) Der __________________ verbindet die Spinne mit der Netzmitte.

c) Die Kreuzspinne wird _________ Jahre alt.

d) Die Kreuzspinne baut ein ________________ .

e) Die Kreuzspinne trägt ein kreuzähnliches Muster auf dem

_____________________ .

f) Die Gartenkreuzspinne wartet im ________________ auf ihre Beute.

g) Das Beutetier wird von der Kreuzspinne ____________________ .

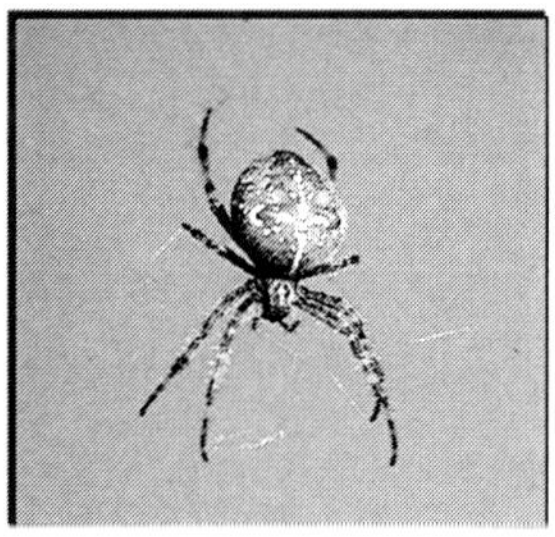

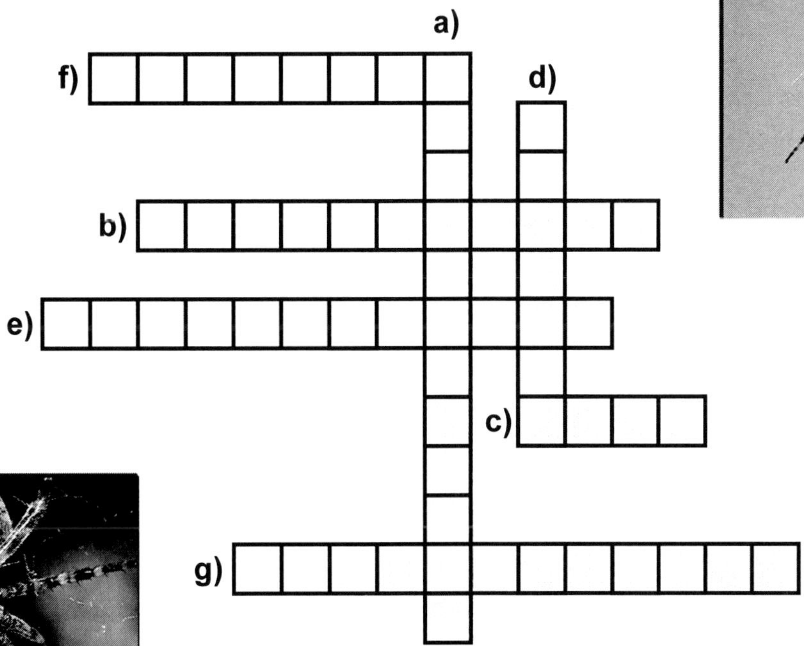

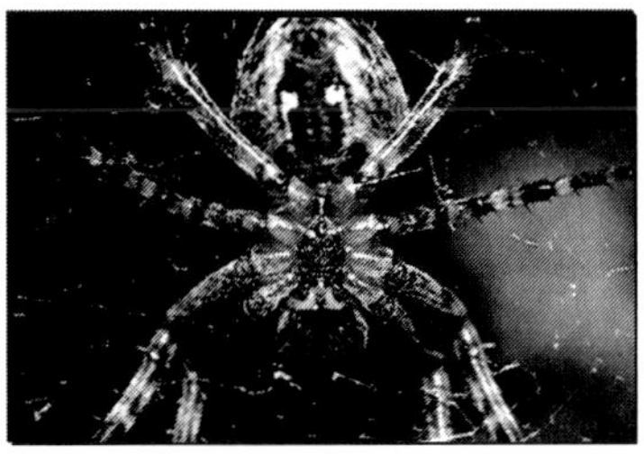

Lernwerkstatt „Kriechtiere und Spinnen" - Bestell-Nr. 10 655
KOHL VERLAG Der Verlag mit dem Baum
www.kohlverlag.de

Der Netzbau der Kreuzspinne

PA

Aufgabe 4: *Lest die Textpuzzleteile aufmerksam durch und schaut euch die Bilder dazu an. Klebt das Arbeitsblatt auf eine Pappe und schneidet die einzelnen Puzzleteile aus. Legt alle Textteile verdeckt auf einen Stapel zwischen euch. Die Bildteile teilt ihr zwischen euch auf und legt sie offen vor euch. Das erste Kind zieht einen Textteil und liest den Text vor. Das Kind, welches das passende Bildteil vor sich liegen hat, bekommt den Textteil und setzt die beiden Teile zusammen. Gewonnen hat, wer die meisten Paare gebildet hat. Zum Schluss legt ihr die Paare gemeinsam in die richtige Reihenfolge. Nehmt dann das Kontrollblatt und überprüft eure Lösung!*

Die Spinne spinnt einen Brückenfaden, der vom Wind getragen, irgendwo fest haften bleibt.

Die Spinne läuft über den Brückenfaden und zieht einen festen Rahmenfaden hinter sich her.

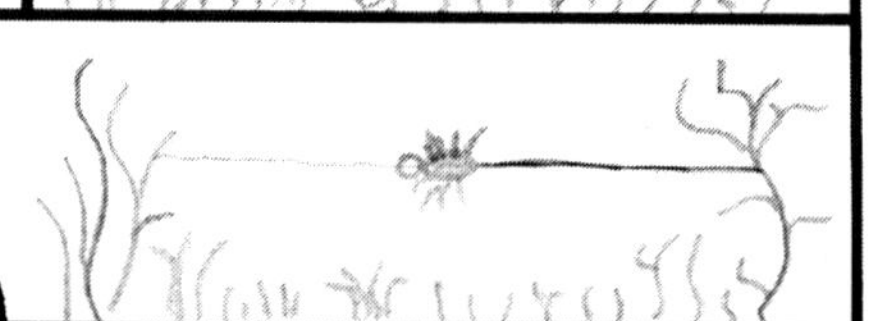

In der Mitte des Fadens lässt sich die Spinne nach unten fallen. Sie verankert ihn unten. Ein Y ist entstanden.

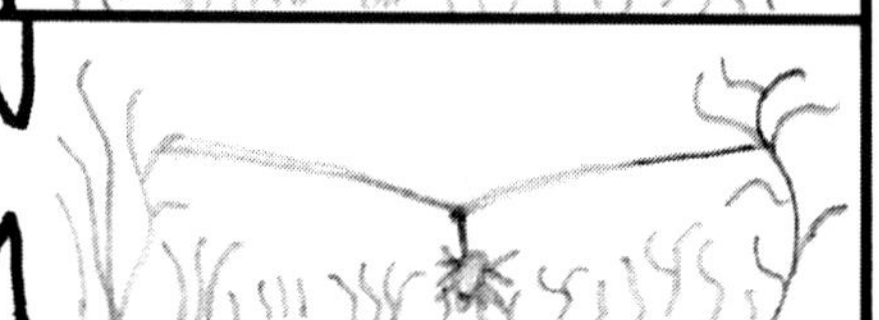

Die Spinne baut die Speichen und Rahmenfäden ihres Radnetzes.

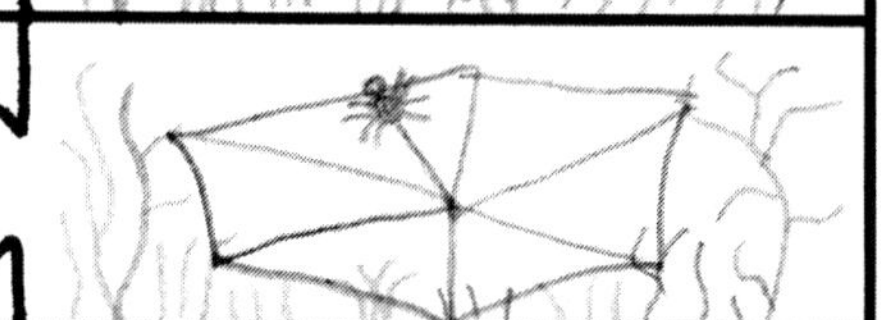

Die Speichen und Rahmenfäden sind fertig.

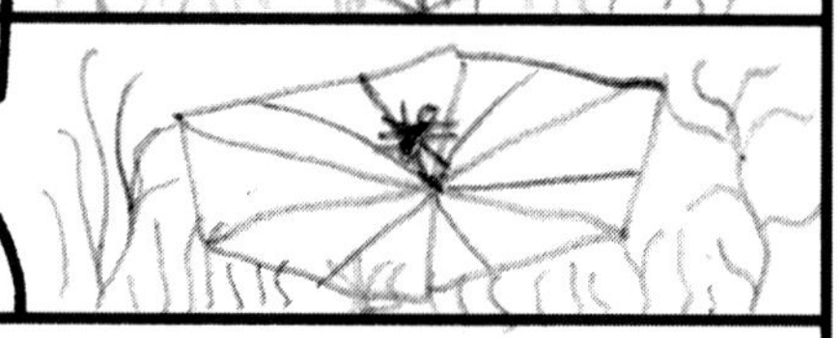

Die Spinne legt von innen nach außen eine Hilfsspirale im Uhrzeigersinn an.

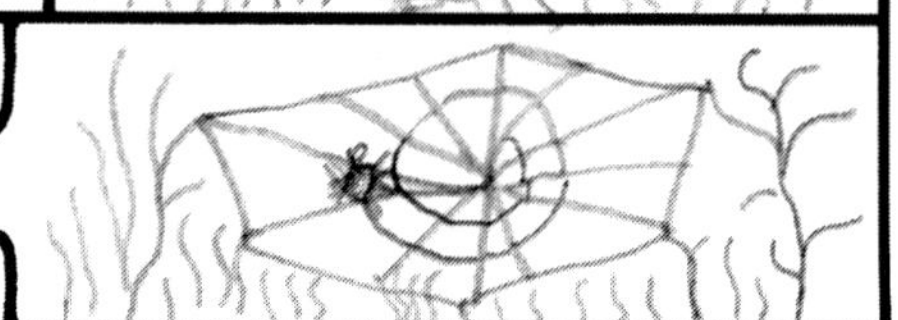

Nun spinnt sie von außen nach innen die Fangspirale mit Klebefäden. Dabei frisst sie die Hilfsspirale auf.

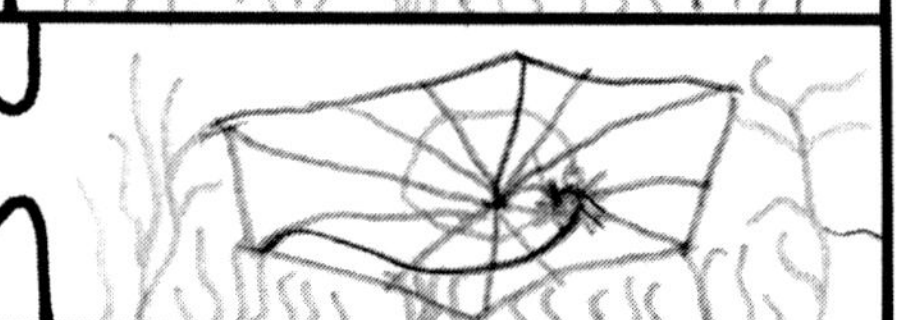

Die Spinne spinnt den Signalfaden und setzt sich in ihr Versteck, um dort auf die Beute zu warten.

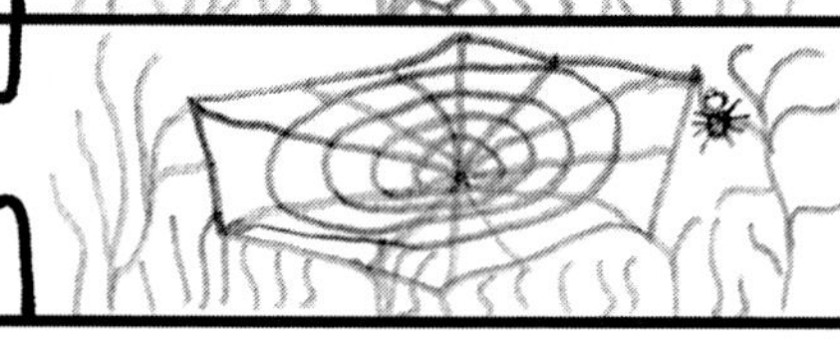

Lernwerkstatt „Kriechtiere und Spinnen" - Bestell-Nr. 10 655
KOHL VERLAG Der Verlag mit dem Baum www.kohlverlag.de

Kapitel VI: Spinnen – Die Zebraspringspinne

Die Zebraspringspinne gehört zu der Familie der Springspinnen.

Aussehen:

Die Zebraspringspinne hat einen gestreiften Hinterkörper. Am Vorderkörper befinden sich acht Augen, von denen zwei ähnlich wie Fernrohre aussehen. Ihr Körper wird bis zu sieben Millimeter groß. Sie kann etwa vier Zentimeter weit springen. Zebraspringspinnen sind für uns Menschen ungefährlich.

Lebensraum:

Zebraspringspinnen findest du in deiner Umgebung an sonnigen Plätzen, z.B. an Hauswänden und auf Balkons.

Beutefang:

Die Zebraspringspinne baut kein Netz. Sie schleicht sich an ein Beutetier, z.B. eine Mücke, heran und heftet einen Sicherheitsfaden an die Absprungstelle. Dann springt sie das Tier an. Wenn sie es verfehlt, hängt sie an ihrem Sicherheitsfaden und kann an den Ausgangspunkt zurückkrabbeln. Hat sie jedoch ihre Beute erwischt, versetzt sie ihr mit den Kieferklauen einen Biss. Das austretende Gift lähmt das Beutetier, die Verdauungssäfte lösen seine Weichteile auf und die Zebraspringspinne kann es aussaugen.

Kapitel XI: Spinnen –Die Zebraspringspinne

EA

Aufgabe 1: *Lies die Beschreibung der Zebraspringspinne aufmerksam durch!*

EA

Aufgabe 2: *Ordne die Stichwörter zum Beutefang in die richtige Reihenfolge und schreibe sie unten auf! Die dazugehörenden Buchstaben ergeben bei Einhaltung der richtigen Reihenfolge (rückwärts gelesen) ein Lösungswort!*

- Sprung **E**
- Sicherheitsfaden befestigen **K**
- anschleichen **T**
- Verdauungssaft **N**
- aussaugen **I**
- lähmender Biss **S**

1.) ______________________

2.) ______________________

3.) ______________________

4.) ______________________

5.) ______________________

6.) ______________________

Lösungswort: ______________________

EA

Aufgabe 3: *Vergleiche die Zebraspringspinne mit der Kreuzspinne und der Hauswinkelspinne und überlege, wie die drei Spinnen zu ihrem Namen gekommen sein könnten. Schreibe in dein Heft!*

GA

Aufgabe 4: *Welche Spinnen sind euch noch bekannt?*

PA

Aufgabe 5: *Versucht, den Beutefang szenisch darzustellen. Ihr braucht hierzu Folgendes:*

- *einen geeigneten Fangplatz*
- *ein Stück Bindfaden als Sicherheitsfaden*
- *einer/eine spielt die Zebraspringspinne*
- *einer/eine spielt das kleine Insekt*

KOHL VERLAG Der Verlag mit dem Baum www.kohlverlag.de
Lernwerkstatt „Kriechtiere und Spinnen“ - Bestell-Nr. 10 655

Kapitel VI: Spinnen – Die Hauswinkelspinne

Die Hauswinkelspinne gehört zu der Familie der Trichterspinnen.

Aussehen:

Die Hauswinkelspinne hat sehr lange graubraune Beine und einen braunen Körper, der bis zu zwei Zentimeter lang wird. Sie ist behaart.

Lebensraum:

Wie der Name schon sagt, ist die Hauswinkelspinne in Häusern anzutreffen. Sie baut ihre Netze auch in Baumhöhlen, Steinhaufen, Schuppen und Kellern.

Beutefang:

Die Hauswinkelspinne baut ihr Netz im Haus hinter Möbeln oder Gerümpel. Das trichterförmige Netz sieht etwas unordentlich aus. Am Ende dieses Trichters befindet sich eine Wohnhöhle, in der sich die Spinne tagsüber aufhält. Hauswinkelspinnen sind nachtaktiv. Wenn ein Beutetier, z.B. eine Mücke oder eine Fliege, sich im Netz verfangen hat, muss die Hauswinkelspinne schnell handeln, denn ihr Netz ist nicht mit Klebfäden gebaut.
Sie hält das Beutetier fest und zerkaut es mit ihren Kieferklauen zu einem Brei, den sie dann aufsaugt. Das Fressen kann deshalb bis zu einer Stunde dauern. Hauswinkelspinnen sind nützliche „Haustiere“, weil sie andere, störende Insekten fressen.

Besonderheiten:

Die Beine der Hauswinkelspinnen sind nicht zum Klettern geeignet. Manchmal rutscht eine Hauswinkelspinne in ein Waschbecken oder in die Badewanne. Beim Versuch, herauszuklettern, findet sie keinen Halt und kann sich nicht selbst befreien. Wenn du in deinem Bad eine Hauswinkelspinne findest, kannst du sie mit einem Glas und einem Stück Papier oder Pappe einfangen und ihr so die Freiheit schenken. Die Hauswinkelspinne wird 2 bis 3 Jahre alt.

Kapitel VI: Spinnen – Die Hauswinkelspinne

EA

Aufgabe 1: *Lies die Beschreibung der Hauswinkelspinne aufmerksam durch!*

EA

Aufgabe 2: *Welche der folgenden Aussagen stimmen? Markiere die Buchstaben hinter den richtigen Aussagen. Von unten nach oben gelesen entsteht ein Lösungswort!*

a) **L** Die Hauswinkelspinne hält sich gerne in Badewannen auf.

b) **S** Die Hauswinkelspinne kann keine Klebfäden spinnen.

c) **E** Die Nahrungsaufnahme der Zebraspringspinne dauert länger als die Nahrungsaufnahme der Hauswinkelspinne.

d) **M** Die Hauswinkelspinne wird maximal ein Jahr alt.

e) **U** Die Hauswinkelspinne gehört zur Familie der Trichterspinnen.

f) **A** Die Hauswinkelspinne lebt im Freien oder in Gebäuden.

g) **H** Die Hauswinkelspinne ist nützlich.

Lösungswort: ____________________

PA

Aufgabe 3: *Zu welcher der vorgestellten Spinnenarten passen die unten stehenden Ausdrücke? Tragt die folgenden Abkürzungen in die leeren Kästchen ein! Ihr dürft auch mehrere Abkürzungen in ein Kästchen schreiben Vergleicht anschließend untereinander!*

- ***Z*** *für Zebraspringspinne*
- ***K*** *für Kreuzspinne*
- ***H*** *für Hauswinkelspinne*

a) ☐ ist behaart

b) ☐ lebt draußen

c) ☐ ist für Menschen gefährlich

d) ☐ baut kein Netz

e) ☐ versteckt sich

f) ☐ lebt im Garten

Lernwerkstatt „Kriechtiere und Spinnen" - Bestell-Nr. 10 655
KOHL VERLAG www.kohlverlag.de

Kapitel VII: „Bastel-Ecke“

Bastelanleitung für ein Schlangenmobile

Material:
- Kopien der Schlangenvorlagen wie unten abgebildet
- Schaschlikspieße
- schwarzer Zwirnfaden
- eine Nähnadel
- eine Schere
- verschiedenfarbige Buntstifte

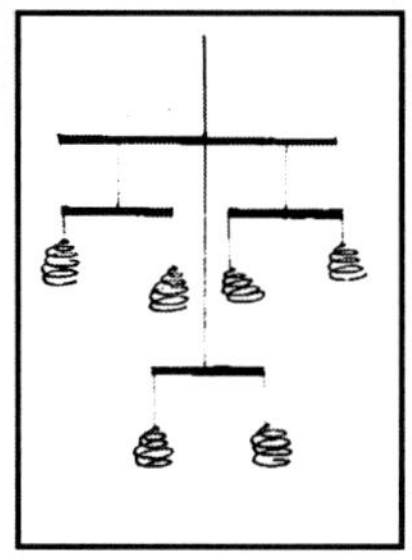

Anleitung

Male die Schlangeformen nach deinen Vorstellungen an und schneide sie anschließend sorgfältig aus. An den Schlangenköpfen befestigst du den Zwirnfaden, indem du von unten mit der Nadel genau an dem vorgezeichneten Punkt durchstichst und ihn verknotest. Nun verknotest du das andere Ende des Fadens um den Schaschlikspieß. Hänge zwei oder mehrere Schlangen an einen Spieß. Hänge nun die einzelnen Schaschlikspieße mit längeren Fäden untereinander. Schau dir dazu die Mobile-Vorlage genau an und baue ein Mobile nach deinen Vorstellungen.
Tipp: Damit das Mobile gerade hängt, bittest du deinen Tischnachbarn, dein Mobile am obersten Faden festzuhalten, während du die einzelnen Schaschlikspieße und Schlangen so verschiebst, dass sich dein Mobile im Gleichgewicht befindet. Am besten dreht sich dein Mobile, wenn du es über einem Heizkörper aufhängst!

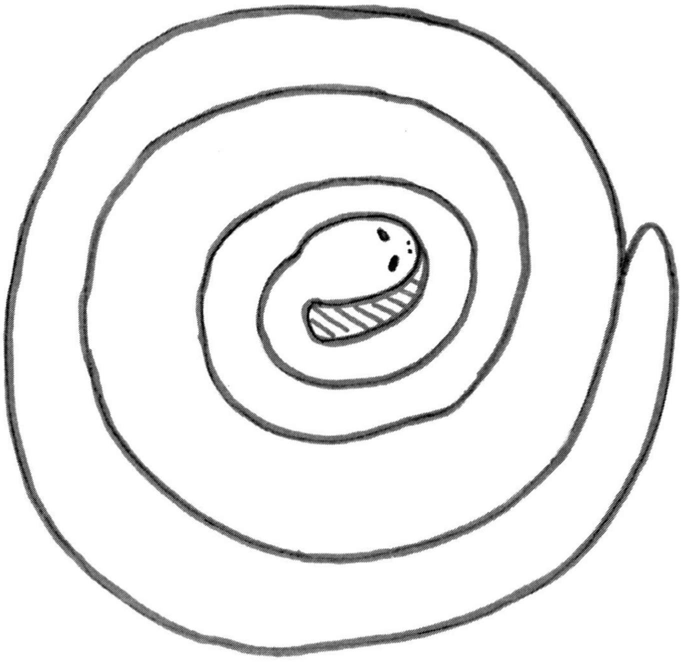

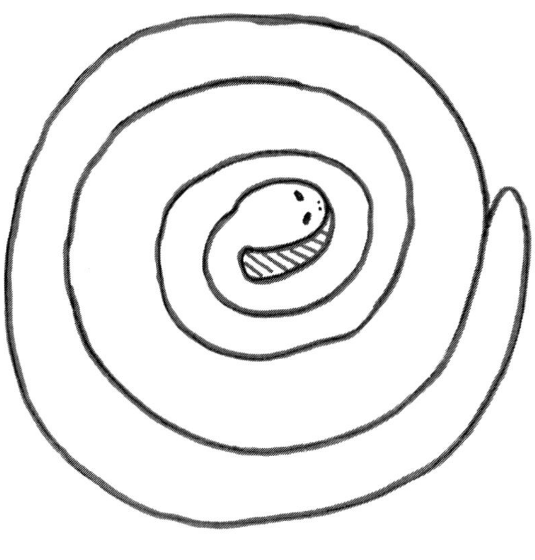

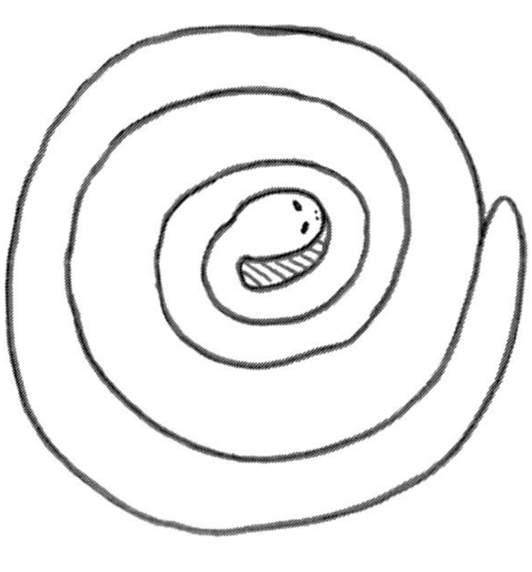

PA

Aufgabe 2: *Lest noch einmal den Informationstext zum Netzbau der Kreuzspinne aufmerksam durch. Bastelt anschließend gemeinsam ein Spinnennetz!*
Ihr benötigt hierfür Folgendes:

- *transparente Klebefolie*
- *dunkle Wolle*

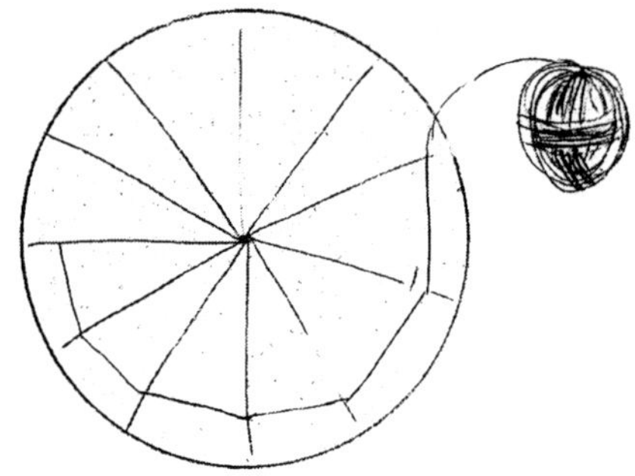

Und so wird`s gemacht:

Schneidet aus der Klebefolie zwei gleich große runde Stücke heraus. Ihr könnt dafür einen Teller zu Hilfe nehmen. Nun zieht ihr die Schutzfolie des einen Stückes ab. Legt die Folie mit der Klebeseite nach oben auf den Tisch. Versucht jetzt, mit dem Wollfaden ein Spinnennetz auf die Folie zu legen. Überlegt genau, wo die Spinne einen neuen Faden ansetzt und schneidet euren Wollfaden nur an diesen Stellen durch. Wenn das Netz fertig ist, zieht ihr die Schutzfolie des zweiten Folienstücks ab und klebt die Folie genau auf euer Netz. Sucht euch einen Platz, um das fertige Spinnennetz aufzuhängen.

EA

Aufgabe 3: *Schneide das folgende Lesezeichen aus. Zeichne in den Kreis eine Spinne. Achte dabei auf den richtigen Körperbau der Spinne! Zeichne sie nach deinen eigenen Vorstellungen. Nimm einen Wollfaden und steche ihn mit einer Nadel von hinten an dem Hinterteil der Spinne durch das Lesezeichen. Nun kannst du den Faden auf beiden Seiten verknoten. Der Faden sollte so lange sein, dass du damit eine Buchseite markieren kannst!*

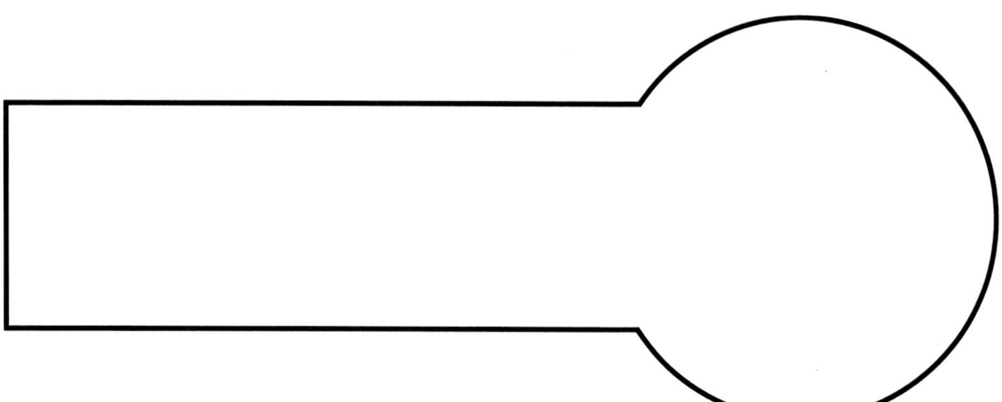

KOHL VERLAG Der Verlag mit dem Baum www.kohlverlag.de

Kapitel VIII: „Ideen-Ecke“

EA

Aufgabe 1: *Spinnen findest du in deiner Umgebung bestimmt einige. Hier sind einige Ideen zur Beobachtung von Spinnen!*

- Suche in Haus und Garten Spinnen und lege eine Liste an, wo du welche Spinnenart gefunden hast.
- Beobachte eine Kreuzspinne beim Netzbau oder beim Beutefang. Hierfür wirst du aber sicherlich ein bisschen Geduld brauchen!
- Trenne vorsichtig ein Stück aus einem nicht mehr bewohnten Spinnennetz und schau es mit der Lupe oder unter dem Mikroskop an.

EA

Aufgabe 2: *Denke dir eine Geschichte aus, in der ein Tier aus diesem Heft die Hauptfigur ist. Schreibe sie auf!*

EA

Aufgabe 3: *Die Schlangen und Eidechsen sind dank ihrer Färbung in der Umgebung gut getarnt. Male ein Bild von einem dieser Tiere in seinem Lebensraum!*

PA

Aufgabe 4: *Ihr könnt versuchen, in eurer Umgebung Mauereidechsen oder Zauneidechsen anzusiedeln. Lest dafür noch einmal nach, wie der Lebensraum beschaffen sein sollte. Besprecht euer Vorhaben mit der ganzen Klasse! Nun könnt ihr euch auf die Suche nach einem geeigneten Platz machen und ihn entsprechend herrichten. Denkt daran, dass Eidechsen scheue Tiere sind!*

GA

Aufgabe 5: *Spinnt gemeinsam eine Geschichte, in der vier der im Buch beschriebenen Tiere vorkommen. Dazu braucht ihr ein dickes Wollknäuel. Geht dabei folgendermaßen vor:*

- *Bildet auf dem Fußboden einen Kreis.*
- *Das Kind, das den Wollknäuel in der Hand hält, denkt sich den ersten Teil der Geschichte aus.*
- *Das Knäuel wird zu einem anderen Kind gerollt. Das erste Kind hält weiterhin das Fadenende fest. Das zweite Kind formuliert den nächsten Satz der Geschichte.*
- *So geht es immer weiter. Ihr spinnt beim Geschichtenausdenken ein Netz in eurem Kreis.*
- *Wenn alle Kinder etwas erzählt haben, ist die Geschichte zu Ende.*
- *Lasst das Knäuel zum Schluss seinen Weg rückwärts rollen und wickelt die Wolle wieder auf.*

Lernwerkstatt
„Kriechtiere und Spinnen“ - Bestell-Nr. 10 655
KOHL VERLAG Der Verlag mit dem Baum
www.kohlverlag.de

Kapitel IX: Abschlusstest

EA

Aufgabe 1: *Du hast viel über die Tiere dieser Lernwerkstatt gelernt. Der Wissenstest zeigt dir, ob du das Gelernte auch behalten hast. Beantworte die folgenden Fragen!*

a) Nenne mindestens vier dir bekannte bei uns lebende Tiere, die am Boden leben.

____

b) Woran erkennt man Wirbeltiere?

____

c) Weißt du, welche Tierklassen man zu den Wirbeltieren zählt?

____

____

d) Welche Tiere zählen zu den Kriechtieren, auch Reptilien genannt?

____

e) Wie verbringen Kriechtiere den Winter? Kreuze an!

- ☐ Sie legen vorher Eier und sterben.
- ☐ Sie legen sich Futtervorräte an, von denen sie im Winter fressen.
- ☐ Sie verkriechen sich, senken ihre Körpertemperatur ab und werden ganz steif.

f) Was bedeutet es, wenn man sagt, ein Tier ist wechselwarm?

____

____

g) Woher hat die Blindschleiche ihren Namen?

____

____

h) Gehört die Blindschleiche zu den Schlangen oder Eidechsen?

____

Lernwerkstatt „Kriechtiere und Spinnen" - Bestell-Nr. 10 655
KOHL VERLAG Der Verlag mit dem Baum
www.kohlverlag.de

Kapitel IX: Abschlusstest

i) Die bei uns lebende Ringelnatter ist eine Schlange, die einen gelben halbmondförmigen Fleck am Kopf trägt. Ist es eine Giftschlange?

____

j) Woran erkennst du eine Kreuzotter?

____

k) Schildkröten und Krokodile gehören ebenfalls zu den Kriechtieren. Welche dieser Tiere trifft man in Deutschland?

____

q) Legen die Eidechsen Eier oder bringen sie lebende Junge zur Welt?

____

r) Kümmert sich die Eidechsenmutter um ihre Jungen?

____

s) Welches dieser Tiere kann bei Gefahr seinen Schwanz abwerfen?

☐ **Schlange** ☐ **Eidechse** ☐ **Maus** ☐ **Blindschleiche**

Lernwerkstatt „Kriechtiere und Spinnen“ - Bestell-Nr. 10 655
KOHL VERLAG Der Verlag mit dem Baum www.kohlverlag.de

Die Lösungen

Kapitel I: **Eingangstest:**

a) Käfer, Läuse, Regenwürmer, Tausendfüßler, Schnecken, Mäuse, Maulwürfe, Schlangen, Eidechsen, Schildkröten ...
b) An einer Wirbelsäule.
c) Fische, Amphibien (Lurche), Reptilien (Kriechtiere), Vögel und Säugetiere
d) Schlangen, Eidechsen, Schildkröten
e) An dem dunklen Zickzackband auf dem Rücken.
f) Schildkröten, und zwar die im Wasser lebende Sumpfschildkröte
g) Nein
h) acht
i) Anzahl der Beine und Flügel
j) sowohl als auch

Kapitel II: **Die Kriechtiere**

A 2) **1** = Vogel; **2** = Schildkröte; **3** = Mensch; **4** = Biene; **5** = Igel; **6** = Maus; **7** = Zebra; **8** = Frosch; **9** = Eidechse; **10** = Chamäleon; **11** = Dinosaurier; **12** = Pinguin; **13** = Schlange; **14** = Wal
Zu den Reptilien zählen: Schildkröte, Eidechse, Chamäleon, Dinosaurier, Schlange

Kapitel III: **Die Kreuzotter**

A 3) **a)** Schädelknochen; **b)** Quadratbein; **c)** Unterkiefer; **d)** Giftzahn

A 5) **In folgender Reihenfolge:** Giftschlange, hinunterwürgt, Kiefer, scheues, Zickzackband, Aussterben

A 6) **Richtige Aussagen:** b), c), d)

Rund um die Schlange

A 1) **a)** Giftzähnen; **b)** wechselwarm; **c)** Winterstarre; **d)** Häutungen; **e)** Hornschuppen; **f)** Kriechtieren; **g)** Kreuzotter; **h)** Eier; **i)** Ringelnatter
Lösungswort: Reptilien

A 2) **Frühjahr:** Paarung, Jungschlangen, schlank und hungrig, auf Nahrungssuche, in der Sonne ausruhen, aktiv und beweglich, sie häuten sich
Sommer: Jungschlangen, rund und gut genährt, in der Sonne ausruhen, sie häuten sich,
Herbst: rund und gut genährt, auf Nahrungssuche, müde und kalt
Winter: Winterstarre, müde und kalt, schlafend in Höhlen

Kapitel IV: **Die Sumpfschildkröte**

A 2) **Richtige Aussagen:** b), e), f), h)

A 3) **a)** Feuchtgebiete wurden trockengelegt, dadurch nahmen die Lebensräume ab.
b) Zwischen 28° und 29,5° C gibt es gleich viele Männchen und Weibchen, darunter mehr Männchen, darüber mehr Weibchen.

Kapitel V: **Was sind Eidechsen**

A 4) **a)** Die „Rote Liste" ist eine Liste, in der Tierarten stehen, die in ihren Lebensräumen bedroht sind. Man darf diese nicht aus ihren Lebensräumen entfernen, indem man sie z.B. in Gefangenschaft nimmt.
b) Straßenbau, Sandabtragungen und intensive Landwirtschaft haben ihren Lebensraum zerstört. Viele Hauskatzen jagen die wenigen Eidechsen.
c) Für viele kleine Tiere können diese Flaschen zu einer tödlichen Falle werden.

Lernwerkstatt „Kriechtiere und Spinnen" - Bestell-Nr. 10 655
KOHL VERLAG Der Verlag mit dem Baum www.kohlverlag.de

Die Lösungen

Kapitel V: Zaun-, Mauer- und Waldeidechsen

A 2) **Von links nach rechts:** Mauereidechse, Zauneidechse, Waldeidechse

A 3) **Richtige Aussagen:** b), c), e), g) Lösungswort: Igel

Kapitel V: Blindschleiche

A 2) **a)** 3

A 3) **a)** nein; b) lebende Junge; **c)** sie halten Winterstarre; **d)** Sie könnte den Schwanz abwerfen.
e) Sie würden Pflanzenschädlinge (z.B. Schnecken) fressen.

Kapitel VI: Was sind Spinnen?

A 2) **A** = Kiefertaster; **B** = erstes Beinpaar; **C** = zweites Beinpaar; **D** = Augen; **E** = Vorderkörper;
F = Spinnwarzen; **G** = Hinterkörper; **H** = drittes Beinpaar; **I** = viertes Beinpaar

A 3) **Insekten:** sechs Beine, Flügel, Außenskelett
Spinnen: acht Beine, Spinnwarzen, Außenskelett

A 4) Um wachsen zu können, da ihr Außenskelett nicht mitwächst.

A 5) Spinnen können nur flüssige Nahrung aufnehmen. Sie geben Verdauungssaft auf die Beute, die sich zu einem Brei löst. Diesen saugen die Spinnen auf.

Kapitel VI: Die Kreuzspinnen

A 3) **a)** Kieferklauen; **b)** Signalfaden; **c)** zwei; **d)** Radnetz; **e)** Hinterkörper; **f)** Versteck;
g) eingewickelt

Kapitel VI: Die Zebraspringspinnen

A 2) Insekt

Kapitel VI: Die Hauswinkelspinnen

A 2) Haus

A 3) **a)** H; **b)** K, Z; **c)** -; **d)** Z; **e)** K, H; **f)** K, Z

Kapitel VII: Abschlusstest

a) Käfer, Läuse, Regenwürmer, Tausendfüßler, Schnecken, Mäuse, Maulwürfe, Schlangen, Eidechsen, Schildkröten ...
b) An einer Wirbelsäule.
c) Fische, Amphibien (Lurche), Reptilien (Kriechtiere), Vögel und Säugetiere
d) Schlangen, Eidechsen, Schildkröten
e) Antwort c) ist richtig.
f) Diese Tiere passen ihre Körpertemperatur der Umgebung an.
g) Die Blindschleiche hat metallisch glänzende Schuppen, die in der Sonne funkeln und somit blenden können.
h) zu den Eidechsen
i) Nein, sie ist keine Giftschlange. Ihr Biss ist ungiftig.
j) An dem dunklen Zickzackband auf ihrem Rücken.
k) Schildkröten, und zwar die im Wasser lebende Sumpfschildkröte
l) Nein
m) acht
n) Anzahl der Beine und Flügel
o) Nützlinge, sie fressen lästige Insekten im Haus
p) Richtige Antworten: a), c)
q) sowohl als auch
r) nein **s)** Eidechse, Blindschleiche
s) Eidechse und Blindschleiche

Lernwerkstatt „Kriechtiere und Spinnen" - Bestell-Nr. 10 655
KOHL VERLAG Der Verlag mit dem Baum www.kohlverlag.de

Pferde

Aus dem Inhalt: ***Infoheft:*** *Urpferde, Paarhufer, Verwandte, Rassen, Körperbau, Ernährung, Gangarten, Fohlen, Hufreinigung, Hufeisen, Pflege, Reiten, Pferdearbeit, Pferderekorde ...;* ***Arbeitsblätter:*** *Pferde-Quiz, Farben der Pferde, Skelettvergleich, Der Kopf des Pferdes, Gangarten, Araber - eine Legende, Redensarten rund ums Pferd, Körpersprache, Pferde-Suchbild, Pferde basteln u.v.m.*

42 Kopierv. **Nr. 11 343** **14,80 €** *(29,80 SFR)*

Die Fledermaus

Aus dem Inhalt: *Zwergfledermaus; Großes Mausohr; Kö perbau der Fledermäuse; Zwergfledermaus Tini erzählt (Wohnung, Nahrung, Echo-Ortung, Paarung und Befruc tung, Winterschlaf ...); Fledermaus-Schutz; Das Flede mausquiz; Basteln, Rätseln, Malen; Fledermaus-Domir Fledermaus-Mandala; Such- & Ausmalbild; Fledermaus Puzzle; Geschichten rund um die Fledermaus u.v.m.*

42 Kopierv. **Nr. 11 214** **14,80 €** *(19,50 SF*

Tiere im Zoo - Heimat & Lebensweise

Aus dem Inhalt: *Affen (Orang-Utan, Gorilla ...); Raubtiere (Wolf, Fischotter ...); Bären (Braunbär, Eisbär ...); Großkatzen (Löwe, Tiger ...); Elefanten; Einhufer (Zebra); Paarhufer (Nashorn, Flusspferd); Kamele (Dromedar, Lama); Rinder (Bison, Antilope, Gazelle); Hirsche; Giraffen; Nagetiere; Beuteltiere; Flattertiere; Robben; Delfine; Fische; Schildkröten; Krokodile, Schlangen, Vögel ... u.v.m.*

77 Kopierv. **Nr. 11 182** **18,80 €** *(24,50 SFR)*

Winterschläfer, -ruher & -aktive

Igel, Eichhörnchen, Wildkaninchen & Co.

Aus dem Inhalt: *Winterschläfer: Der Igel (Lebensrau Aussehen, Sinne und Kommunikation, Winterschlaf, Na rung, Nachwuchs, Freunde und Feinde ...); Winterruhe Das Eichhörnchen (Lebensraum, Verhalten, Aussehe Nahrung ...); Das winteraktive Wildkaninchen u.v.m.*

110 Kop. **Nr. 11 298** **21,80 €** *(28,50 SF*

Störche Die eleganten Zugvögel

NEU!

Inhalt: Der *Nestbau, Eier legen, Brutzeit, Schlüpfen, Storchenkinder, Fütterung, Nässe und Kälte, Körperpflege, Wachsen, Flugversuche, Freunde, Die große Reise, Der Weißstorch, Zugvögel, Junge Störche, Lebensraum und Futter, Gefahren, Froschmaul und Storchenschnabel, Da stimmt doch was nicht ... u.v.m.*

28 Kopierv. **Nr. 11 471** **13,80 €** *(23,80 SFR)*

Leben im Boden

NEU

Aus dem Inhalt: *Der Maulwurf; Die Assel; Der Käfe Vom Ei zum Käfer; Häufige Bodentiere; Verschieder Bodenarten; Käfer suchen; Raupengeschichten; Dr Jahre unter der Erde; Was tun die Tiere? u.v.m.*

Mit wunderschönen Zeichnungen!

70 Kopierv. **Nr. 11 405** **17,80 €** *(23,50 SF*

Unsere Jahreszeiten

Den Frühling kennen lernen

Aus dem Inhalt: *Frühblüher; Die Tulpe; Treibhaus im Klassenzimmer; Vorratsspeicher der Frühblüher; Tiere im Frühling; Frühlingswetter; Frühlingsbasteleien; Feste und Bräuche; Unsere kleine Eierküche; Kreatives rund um Ostern; Frühlingsgefühle; Gedichte-, Schmetterlings- & Märchen-Ecke; Kinderküche im Frühling; Osterkartenbasteln; Frühlingsgedichte; Das große Frühlings-Kreuzworträtsel*

35 Kopierv. **Nr. 10 792** **13,80 €** *(17,90 SFR)*

Den Sommer kennen lernen

Aus dem Inhalt: *Der Sommer ist da!; Sommer, Sonn Freizeit, Spaß; Zuviel Sonne kann schädlich sein!; Bade vergnügen (Badeausflug mit Folgen ...); Die großen Ferie Sommerwetter (Bauernregeln, Gewitter, Verhalten bei G witter); Sommer - Sonne - Schatten (Sonnenuhr); Somme geschichten & -gedichte; Ein Erdbeertag; Sommergetränk Kunst-Ecke, Kreative Ideen rund um den Sommer u.v.m.*

35 Kopierv. **Nr. 10 703** **13,80 €** *(17,90 SF*

Den Herbst kennen lernen

Aus dem Inhalt: *Der Herbst ist da!; Bunte Blättervielfalt; Wintervorbereitungen; Herbstwetter; Aktivitäten rund um den Herbst; Kastanien & Co.; Herbstcollage; Getreide; Brauchtum; Bastelecke; Weinlese; Herbstspeisen; Gedichte über den Herbst; Die Kartoffel*

35 Kopierv. **Nr. 10 790** **13,80 €** *(17,90 SFR)*

Den Winter kennen lernen

Aus dem Inhalt: *Die Wintermonate; Mensch und Winte Tiere im Winter; Blühende Pflanzen im Winter; Winterwe ter; Spaß im Schnee; Sternenspaziergang; Advents-Weihnachtszeit; Der Jahreswechsel; Das Dreikönigsfes Karneval, Fasching & Fastnacht; Wintergedichte; Esse und Trinken in der Weihnachtszeit; Der Nikolaushampe mann; Das große Winter-Kreuzworträtsel u.v.m.*

35 Kopierv. **Nr. 10 791** **13,80 €** *(17,90 SF*

Hexen und Halloween

Aus dem Inhalt: *Der September (Feste im Herbst; Getreide- & Kartoffelernte; Michaelis-Fest); Der Oktober (Erntedankfest, Reformationstag, Halloween, Kürbisse, Kürbisgesichter, Fledermäuse); Hexen (Stabpuppenhexe, Hexenhut, Hexentanz, Hexenplätzchen backen, Gespenster); Der November (Was geschieht mit der Natur im Herbst?, Sankt Martin, Martinslied, Thanksgiving) u.v.m.*

58 Kopierv. **Nr. 11 019** **16,80 €** *(21,90 SFR)*

Der Jahreskreis oder: Unsere Jahreszeiten

Aus dem Inhalt: *Der Jahreskreis (die 4 Jahreszeiten); De Frühling (Hefehasen, Frühlingsgedicht, Ostern ...); De Sommer (Sommerbilder, Am Bach, Wasser ist Kraft ... Der Herbst (Kürbissuppe ...); Der Winter (Polarnacht ... Die „fünfte Jahreszeit“ (Karneval, Narren, Hexen ...) u.v.m*

50 Kopierv. **Nr. 10 876** **14,80 €** *(19,50 SF*